Anne Ortlund

Ratschläge
von Frau zu Frau

Leuchter-Verlag eG · 6106 Erzhausen

Titel der Originalausgabe:
DISCIPLINS OF THE BEAUTIFUL WOMAN
Übersetzung: KH. Neumann

Umschlaggestaltung: Frank Decker, Langen

1. Auflage November 1986

© 1977 by Word Incorporated, Waco
© der deutschen Ausgabe 1986 by Leuchter-Verlag eG, 6106 Erzhausen

ISBN 3-87482-128-5

Gesamtherstellung: Schönbach-Druck GmbH, 6106 Erzhausen

Inhalt

Von mir zu dir!

Da wärst du also, eine Frau — wie großartig! Und wie einmalig du bist. Keinesfalls Massenfabrikation „made in Japan", sondern einmalig gezeugt und geworden im Leib deiner Mutter. Eine Fabrik braucht viel Licht, doch Gott ist ein so großartiger Schöpfer, daß Er dich in völliger Dunkelheit so machen konnte. Deine Locke oben rechts (oder links?), die Länge deiner Zehen, deine Oberlippe — Gott hat alles gemacht. Und deshalb bist du ganz besonders und kostbar. (Ich bin genauso einmalig. Meine Kinder staunen immer, wenn sie die tiefe Falte in der Mitte meiner Zunge sehen. Ich sah noch nie eine ähnliche Zunge.)

Auch der zeitliche Ablauf deines Lebens ist einmalig. Genau das will Psalm 139 sagen. Du bist nicht eine unter vielen, sondern dies ist *dein* Leben. Und Gott hat Absichten und Pläne mit deinem Leben, das Er dir geschenkt hat.

Hast du schon bemerkt, daß sich dein Leben nach einem ganz persönlichen Muster entwickelt? Gibt es in dir so etwas wie Zeitkapseln, die sich bei bestimmten Gelegenheiten sanft öffnen oder vielleicht auch einmal explodieren — und dabei entdeckst du dann neue Fähigkeiten, neue Interessen oder neue Möglichkeiten in deinem Leben? Ich bete darum, daß dieses Buch in dir solch eine neue sanfte Explosion — oder vielleicht auch eine totale Revolution — herbeiführen möge.

Viel von dem Material, das ich in diesem Buch zusammengetragen habe, verwende ich auf Frauenkonferenzen. Anschließend erhalte ich dann oft Briefe wie diesen:

„Dein Vortrag hat mir mehr bedeutet als je ein anderer vorher . . . Seitdem hat es so viele radikale Veränderungen in meinem Leben gegeben, daß ich es selbst kaum glauben kann.

Ich glaube wirklich, eines der Bücher, die du schreiben willst, sollte eine Kombination deiner eigenen Erfahrungen und vieler guter Ratschläge sein."

Auch in meinem Leben hat es eine ganze Serie solcher Zeitkapseln gegeben, die sich im rechten Augenblick öffneten:

Mit sechs Jahren explodierte die erste. Mein Vater und meine Mutter bekehrten sich zu Jesus Christus. Dies hatte einen gewaltigen Einfluß auf ihr eigenes Leben und auf das ihrer Kinder. Mein Vater war zu jener Zeit ein junger Armee-Leutnant. Für die nächsten 40 Jahre, einschließlich der Zeit, in der Vater schon General war, gaben er und Mutter überall, wohin er versetzt wurde, Unterricht in Bibelklassen. Nun sind sie schon mehrere Jahre im Himmel, doch die Liebe zur Bibel ist mir von ihnen mitgegeben worden. Und auch ich unterrichte schon lange in Bibelklassen.

Mit zehn Jahren gab es Explosion Nummer zwei. Herr Resta, mein Klavierlehrer, der großen Einfluß auf mich hatte, ermutigte mich, selbst Lieder und Musikstücke zu komponieren. Ergebnis bis heute: Etwa 250 Lieder und Musikstücke; etliche davon wurden veröffentlicht und sind weitgehend im Gebrauch.

Mit zwölf Jahren die nächste Explosion. Herr Addleman, ein anderer kluger und feiner Mann, begann mich im Spielen großer Orgeln zu unterweisen. Ergebnis: Organistin und Magister in Musik, Mitglied in der Gilde amerikanischer Organisten und seit einem Dutzend Jahren Organistin im Radioprogramm „Alte Erweckungs-Stunde".

Explosion mit 20 Jahren. Die Marine fuhr in mein Universitätsstudium ein, und ich begegnete Ray Ortlund, meinem späteren Gatten. Ergebnis: Mehr als 35 Jahre Liebe und enge Partnerschaft, die immer noch wächst und von Zeit zu Zeit neue besondere Vertiefungen erfährt.

Mit 38 Jahren. Die Kleinkinderziehungsperiode war vorbei; Sherry, Margie und Bud waren elf, zehn und neun Jahre alt. Man begann, mich hier und da als Rednerin einzuladen. Anhaltendes Ergebnis: Immer mehr Einladungen, auf Konferenzen zu sprechen.

Große Explosion mit 46 Jahren. Ich erlebte eine persönliche geistliche Erneuerung in der Wheaton-College-Erweckung, in der Ray Prediger war. Seitdem hat diese neue geistliche Fülle ihren Ausfluß auch noch im Schreiben von Büchern gefunden.

Welche anderen Zeitkapseln mögen in meinem Leben noch verborgen sein? Ich kann kaum erwarten, es zu erfahren. Ich will bereit sein dafür, Herr!

Und was ist noch in deinem Leben verborgen? Eine großartige und einmalige Frau, die von Gott für ganz bestimmte Aufgaben gemacht ist. Er vergeudet nichts und will deshalb auch keine Frau nutzlos lassen.

Und heute ist der Tag der Frau! Wer immer du bist — jung, alt, verheiratet, ledig, Mutter oder nicht, berufstätig oder Hausfrau —, noch nie wurdest du von der Welt um dich herum ernster genommen. Dies ist *dein* Tag.

Ich schrieb dieses Buch, um dir zu helfen zu erkennen, woher du kommst und wo du stehst; damit du Unnützes beiseite schiebst und eine von Gottes Zeitkapseln in deinem Leben geöffnet werden kann. Oder vielleicht gar — mehrere dieser Kapseln?!

1. Kapitel

Die erste Entscheidung
und ihre Folgen

Die große Mehrzahl der Frauen in der heutigen Welt haben nicht verstanden, daß Gott besondere Pläne mit ihrem Leben hat, deshalb nehmen sie das Leben „einfach wie es kommt". Weil ihr Leben nur eine horizontale menschliche Dimension hat, leben sie eben „so in den Tag hinein". Man könnte auch sagen, sie lassen sich im Leben einfach treiben, weil das so am bequemsten ist. Nur — das endet gewöhnlich in der Katstrophe der Niagara-Fälle.

Höre, liebe Freundin, ich kenne dich nicht, doch mir liegt einiges an dir, weil du mein Buch liest; und Gott liegt sehr, sehr viel an dir, weil Er dich geschaffen hat. Vielleicht treffen ja die nächsten Zeilen auch nicht auf dich zu — ich hoffe das —, doch du solltest sie trotzdem für alle Fälle ganz ernst bedenken.

Wo stehst du in deinem Leben? Läßt du dich einfach vom Strom der Zeit mittreiben, weil du glaubst, du würdest schon irgendwie zurechtkommen? Oder vielleicht fühlst du dich wie in einer rasenden Strömung und hast das Empfinden, dein Leben nicht mehr kontrollieren zu können, weißt aber nicht, wie du es ändern sollst? Oder hörst du schon das Dröhnen kommenden Unheils und wirst mit Angst und Verzweiflung nicht mehr fertig?

Beachte in jedem Fall einmal ernstlich, wie Gottes Wort die Niagara-Fall-Katastrophe beschreibt: *„Denn es ist dem Menschen bestimmt, einmal zu sterben, danach aber folgt das Gericht"* (Hebräer 9,27).

Doch zu jedem Zeitpunkt deines Lebens, einschließlich des jetzigen, ist Gottes Hand nach dir ausgestreckt, um dir aus deinem dahintreibenden Boot herauszuhelfen und dich auf sicheren Grund zu stellen. Du brauchst dazu nichts weiter zu tun, als im Glauben Seine Hand zu ergreifen. Die Bibel nennt das „Errettung" oder „Erlösung". Und ganz gleich, ob dir diese Worte nun altmodisch klingen oder nicht — jeder Mensch hat Erlösung dringend nötig. Der Apostel Petrus erklärte es einer Schar von Menschen, die auch Erlösung brauchten, einmal mit folgenden Worten:

„Ihr wißt, wie Gott Jesus von Nazareth gesalbt hat mit dem Heiligen Geist und mit Kraft, wie dieser umherzog, Gutes tat und alle heilte, die in der Gewalt des Teufels waren; denn Gott war mit Ihm.

Und wir sind Zeugen für alles, was Er im Land der Juden und in Jerusalem getan hat. Ihn haben sie an das Kreuz gehängt und getötet. Gott aber hat Ihn am dritten Tag auferweckt...

Und Er hat uns geboten, dem Volk zu verkündigen und zu bezeugen: Das ist der von Gott eingesetzte Richter der Lebenden und der Toten. Von Ihm bezeugen alle Propheten, daß jeder, der an Ihn glaubt, durch Seinen Namen die Vergebung der Sünden empfängt" (Apostelgeschichte 10,38-43).

Auf die eine oder andere Weise hast du diese Geschichte vielleicht schon einmal gehört, aber es kann nicht schaden, sie neu zu überdenken. (Wer weiß, vielleicht ist das Dahintreiben mit dem Boot für dich bald vorbei.) Jedenfalls gibt es drei wichtige Dinge in dieser Geschichte zu erkennen:

1. Jesus starb am Kreuz und stand nach drei Tagen wieder von den Toten auf.
2. Gott hat Jesus Christus für uns alle zu unserem zukünftigen Richter bestimmt. — Das ist der Sturz mit dem Boot über

12

die Niagara-Fälle für alle, die diese Warnung nicht ernst nehmen.

3. Jeder, der bereit ist, die Gefahr zu erkennen, hat die Gelegenheit, seine Hand nach dem Retter auszustrecken. Das heißt für dich, an Jesus Christus zu glauben und Ihm dein Leben zu übergeben, damit dir in Seinem Namen die Sünden vergeben werden.

Das ist wirklich sehr einfach, nicht wahr? Doch wenn es so einfach ist, warum zögern dann viele, darauf einzugehen? Nun, liebe Freundin, weil es dazu nötig ist, dein auf dem Wasser treibendes Boot aufzugeben, und alles dazu, was du darin für deinen Picknick-Ausflug eingepackt hast. Wenn wir unser Leben Jesus Christus übergeben, dann bedeutet dies: wir müssen Ihm alles ausliefern, was wir sind und haben — und das mögen viele nicht.

Doch betrachte dir deine Lage bitte einmal von einem Hubschrauber aus — also aus Gottes Gesichtspunkt, vom Blickwinkel der Ewigkeit her. Was nützt es dir wirklich, wenn du dein Boot mit allem darin noch behältst — natürlich nur für eine kurze Zeit, bis du an die Niagara-Fälle gerätst — und dann alles verlierst, einschließlich deines Lebens und deiner Seele — und zwar für immer? Weil jetzt noch Zeit für dich ist, deshalb strecke deine Hand aus, damit du aus dem dahintreibenden Boot deines alten Lebens gerettet wirst.

Wir wollen einmal annehmen — und ich hoffe, daß es wirklich so ist —, wir alle sind nun aus dem dahintreibenden Boot gerettet und sicher am Ufer angekommen, haben nun also festen Grund unter den Füßen. Hier ist nun der Punkt, wo viele neue Christen durch eine oberflächliche „Es-kann-uns-nur-noch-gutgehen-Religion" — keine Anfechtungen, keine Kämpfe, keine Prüfungen mehr — betrogen werden, weil man ihnen erzählt, sie seien schon im Himmel, wenn sie erst einmal das Boot verlassen haben und festen Grund unter den Füßen spüren. Solche Leute wachen gewöhnlich einige Monate oder Jahre später völlig enttäuscht aus diesen Illusionen auf.

Nein, liebe Freundin, es ist ganz anders: Sind wir erst aus dem alten Boot ausgestiegen, dann wird es Zeit, unser Herz in die Hand zu nehmen, Mut zu fassen und den Blick fest auf das Ziel zu richten, nämlich die verheißene ewige Stadt des Friedens und der Freude. Nun beginnt der Querfeldeinmarsch! Bedenke, du bist vom sicheren Untergang gerettet, und zwar für ein großartiges Ziel, das wunderbarer ist als alles, was man sich denken kann. Und dafür lohnt es sich nun, über alle Hindernisse hinweg voranzuschreiten — über Berge und durch Täler, durch Dickicht und Dornen, durch Flüsse und Wüsten; auch wenn uns dabei das Wasser manchmal bis zum Lippenstift steht. Ich bitte dich, ja ich möchte dich ermutigen: Das Ziel, dem wir entgegenstreben, die herrliche ewige Stadt, ist es wert, daß wir uns auch bis zur Erschöpfung dafür einsetzen.

Jawohl — in diesem Buch will ich, eine Frau, vielen anderen Frauen Ratschläge erteilen, wie wir zu einem geordneten und gereiften christlichen Leben kommen. Mit dem Gerettet-werden aus dem verlorenen Boot fängt dieses neue wunderbare Leben erst an; und nun gilt es, darin konsequent vorwärts zu gehen, und zwar einen Schritt nach dem anderen, und von einer täglichen Entscheidung zur anderen unseren Kurs zu bestimmen. Dabei müssen wir bereit sein, alles zu ertragen und zu überwinden, was uns begegnet, um als herrliche Siegerinnen an unserem großartigen Ziel anzukommen.

Nun kommt eine erstaunliche Sache: Sind wir bereit, so fest entschlossen unseren Weg in das neue Leben hinein zu beginnen, dann werden wir zum Schluß nicht erschöpft und mit schmutzigen Stiefeln als alte Schachteln an unserem Ziel ankommen, sondern wir werden durch die Gnade Jesu Christi in Kämpfen, Enttäuschungen und Tränen, aber auch in vielen Segnungen, heranwachsen zu wunderbaren Frauen, durch deren Leben Gott gepriesen wird.

Aber das Wunderbarste dabei, das diesem ganzen Prozeß die Krone aufsetzt, wird die Entdeckung sein, daß die Hand, die uns aus dem alten Boot rettete, uns niemals! niemals! wieder gehen läßt. Wir werden beständig den warmen und festen Griff dieser Hand in unserem Leben spüren, so daß wir unsere Hand vertrauensvoll da hineinlegen können, bis wir einmal das Ziel unseres Lebens erreicht haben.

So, liebe Freundin, wollen wir vorwärts gehen und uns nicht aufhalten lassen. Denn es gibt in dieser Welt zwar viele, die einmal einen guten Anfang machen, aber es sind leider viele weniger, die dann auch siegreich das Ziel erreichen. Auch ich selbst möchte nicht nur angefangen und andere ermutigt haben, sondern ich möchte selbst ans Ziel gelangen.

Der Apostel Paulus, selbst ein erfahrener Nachfolger Jesu Christi, schreibt dazu: *,,Nicht, daß ich es schon erreicht hätte oder daß ich schon vollendet wäre. Aber ich strebe danach, es zu ergreifen, weil auch ich von Christus Jesus ergriffen worden bin. Ich bilde mir nicht ein, daß ich es schon ergriffen hätte. Eines aber tue ich: Ich vergesse, was hinter mir liegt, und strecke mich nach dem aus, was vor mir ist"* (Philipper 3,12.13).

Ich selbst habe mein Leben schon als Kind Jesus übergeben. In einer christlichen Familie aufgewachsen, war meine Kindheit geprägt von viel Freude, aber gleichzeitig von der Erziehung zu striktem Gehorsam. Schon als Jugendliche wünschte ich mir, einen Pastor zu heiraten. Das ging auch in Erfüllung. Ich erzog meine Kinder im christlichen Glauben, war Sonntagsschullehrerin und liebte die Gemeinde, zu der ich gehörte. Doch nachdem ich schon etwa 20 Jahre die Frau eines Pastors war, begann der Hunger nach vermehrten göttlichen Segnungen und Erfahrungen in meinem Leben immer stärker zu wachsen. Ich begriff selbst nicht ganz, wonach ich mich sehnte. Einmal las ich in der Bibel Epheser 3,19: *,,Damit ihr mehr und mehr mit der ganzen Fülle Gottes erfüllt werdet."* Ich dachte darüber nach und schrieb folgende Bemerkung an den Rand meiner Bibel: *,,Wie soll ein Ozean in einer Teetasse Platz haben?"* Aber was man selbst nicht erlebt hat, kann man eben auch nicht verstehen.

Auch andere Verse in der Bibel wurden mir besonders wichtig, etwa: *,,Wie der Hirsch lechzt nach frischem Wasser, so lechzt meine Seele, Gott, nach Dir"* (Psalm 42,2); oder: *,,Gott, Du mein Gott, Dich suche ich, meine Seele dürstet nach Dir.*

Nach Dir schmachtet mein Leib wie dürres lechzendes Land ohne Wasser" (Psalm 63,2).

Als ich einmal mit meinem Mann Ray darüber sprach, bekannte er mir, daß es ihm genauso ging — und er war ein angesehener und treuer Pastor einer großen Gemeinde. Er sagte zu mir: „Anne, du mußt für mich beten. Ich habe so wenig geistliche Disziplin in meinem Leben. Ich fühle, daß ich einige Dinge wesentlich beschneiden muß, um mehr Zeit für das Gebet und Gottes Wort zu finden. Ich möchte näher bei Christus leben und weiß, daß dies Zeit kostet. Aber ich möchte mehr von Jesus in meinem Leben."

Zur selben Zeit war auch unser 21jähriger Sohn Bud wieder einmal einige Tage von seinem Studium daheim. Da ich in einer größeren Versammlung zu sprechen hatte, fragte ich ihn: „Was soll ich sagen, Bud?"

Er antwortete: „Mutter, sage ihnen, daß nur Jesus wirklich befriedigt. Kein schönes Haus im Grünen, kein Farbfernseher, keine noch so schöne Urlaubsreise und auch die schönste Frau nicht, noch irgend etwas anderes — nur der Herr schenkt ein erfülltes und befriedigendes Leben." Mir kam in den Sinn, daß unsere beiden Töchter, Sherry und Margie, die ebenfalls studierten, genauso dachten wie Bud. Ein Wort des Propheten fiel mir ein: „*Denn Ich gieße Wasser auf den dürstenden Boden, rieselnde Bäche auf das trockene Land. Ich gieße Meinen Geist über deine Nachkommen aus und Meinen Segen über deine Kinder. Dann sprossen sie auf wie das Schilfgras, wie Weidenbäume an Wassergräben und sagen: Ich gehöre dem Herrn"* (Jesaja 44,3-5).

Das ist nun schon mehr als sechs Jahre her — und es waren für Ray und mich die bisher besten Jahre unseres Lebens, denn der Herr hat unser Leben wirklich mit Seinem Segen überflutet. Unsere drei älteren Kinder sind mittlerweile alle in Seinem Dienst; und unser Adoptivsohn Nels ist mit seinen elf Jahren für uns alle eine wirkliche Freude.

Was habe ich in diesen letzten Jahren des Segens gelernt? Daß eine vom Heiligen Geist in unserem Leben gewirkte geistliche Ordnung uns die Nachfolge Christi in sehr großem Maße erleichtert! O nein — ich habe keinesfalls all die warmen und beseligenden Erfahrungen auf dem Weg Jesus nach vergessen, wenn wir Lobpreis-Chorusse und Jesuslieder sangen, uns dazu bei den Händen hielten und ähnliche andere Erlebnisse machten. Doch unsere so sensitive Zeit vergißt, daß Gefühle kommen und wieder gehen, aber die vom Heiligen Geist gewirkte Ordnung in unserem Leben das ist, was wir erreichen sollten.

Hast du manchmal das Gefühl, dein Leben sei einer Rumpelkammer ähnlich? Und ab und zu sagst du vielleicht zu dir: „Eines Tages werde ich schon noch Ordnung in mein Leben bringen." Nun, auch ich habe sicherlich noch nicht alles gepackt. Aber ich möchte gern mit dir darüber reden — von Frau zu Frau —, was ich auf diesem Weg unter der Leitung des Heiligen Geistes bisher gelernt habe.

2. Kapitel

Lebensneuordnung — für drei Prioritäten

Wenn ein Bildhauer aus einem Stein oder einem großen Tonklumpen eine menschliche Figur formt, beginnt er nicht mit den Einzelheiten der Augen oder der Backenknochen, sondern er arbeitet zunächst an den großen Dimensionen. Er legt die Größe des Körpers, die Länge der Beine und Arme und das Verhältnis des Kopfes zum Rumpf fest usw.

So ist es auch, wenn wir über unseren Lebensstil nachdenken. Ehe wir festlegen, wann wir in der Regel morgens aufstehen sollten, müssen wir uns entscheiden, was die wichtigsten Dinge, die Prioritäten, unseres Lebens sind. Wir wollen also zuerst mit den großen Dimensionen unseres Lebens beginnen. Und da möchte ich dich zunächst auf drei Prioritäten hinweisen, denen wir nicht ausweichen können, obwohl dadurch vielleicht dein gegenwärtiger Lebensstil ziemlich umgekrempelt wird, ehe du alle Dinge in die richtige Ordnung bringst.

Gott zuerst!
Ja, ja, ich fühle es — schon beginnst du zu kritisieren: ,,Das ist viel zu allgemein — viel zu theoretisch.'' Nun, warte einen Augenblick. Schieb' deine Vorurteile beiseite!

Die Bibel sagt: *„Ihr aber müßt zuerst Sein Reich und Seine Gerechtigkeit suchen; dann wird euch alles andere dazugegeben"* (Matthäus 6,33). Wir sollen also zuerst nach Jesus suchen, alles andere erwächst dann daraus. Und ich meine hier wirklich, dies ist *das Erste!* Es kann nichts daneben geben! Wenn es irgend etwas gibt, womit Jesus Christus in unserem Leben den ersten Platz teilen muß, wird unsere Persönlichkeit in einen Zwiespalt gestürzt, den wir auf die Dauer nicht ohne seelischen Schaden überstehen können.

Bitte, sieh dich nicht in erster Linie als Hausfrau oder als allein lebende Person, als Mutter oder als Tätige auf irgendeinem Gebiet, sondern als eine Frau, die mit Jesus Christus durchs Leben geht; denn es wird der Tag kommen, da wirst du auch einmal ganz allein vor Gott stehen müssen.

Sprüche 9,12 sagt: *„Bist du weise, so bist du weise zum eigenen Nutzen, bist du aber unbeherrscht, so hast du allein es zu tragen."* Frage dich also zuerst: Wie ist meine Stellung zu Gott? Was ist Gottes Wille für mich? Wenn du im Gericht vor Ihm stehst, wird Er nicht sagen: „Ich entschuldige dies oder das in deinem Leben, weil dein Ehepartner anderer Meinung war"; oder: „Ich verstehe, daß du nicht genug Zeit für Mich und Meine Sache hattest, weil dein Beruf dich so in Anspruch nahm . . ." Nichts darf dich davon abhalten, Gott in deinem Leben immer an die erste Stelle zu setzen. Du würdest es sonst die ganze Ewigkeit hindurch bereuen müssen.

Wir müssen es alle verstehen lernen und dann auch praktizieren, daß Gott immer zuerst kommt. Er selbst muß eigentlich unser Leben sein; und alles, was unser Leben ausmacht, muß sich immer in dem einen Punkt treffen: Jesus Christus! Dies allein ist der Weg, wie wir wirklich solche Frauen werden können, wie Gott es möchte. Jesus sagt: *„Jedes Reich, das in sich gespalten ist, geht zugrunde, und keine Stadt und keine Familie, die in sich gespalten ist, wird Bestand haben"* (Matthäus 12,25). Bist du vielleicht in dir selbst gespalten, weil Gott nicht allein den ersten Platz einnehmen kann?

Auch ich habe das in meinen Aufgaben als Frau eines Pa-

stors, als Frau von Ray, als Mutter, als Rednerin, als Sonntagsschullehrerin, Schriftstellerin und noch anderer Dinge, lernen
müssen — nichts von all diesen guten und wichtigen Dingen
darf in meinem Leben das Allerbeste und Allerwichtigste ver-
drängen. Gott darf weder in deinem noch in meinem Herzen
irgendeinen Rivalen haben.

Sagst du jetzt vielleicht: Ich habe Angst davor, mich völlig
Gott auszuliefern, denn ich habe noch so viele Pläne und Träume. Ich fürchte, viele davon werden nicht in Erfüllung gehen,
wenn ich mich einfach ganz Gott überlasse.

Königin Elisabeth die Erste von England fragte einmal einen
Mann, ob er bereit sei, in ihrem Dienst nach Übersee zu gehen
und dort für sie bestimmte Aufgaben zu erfüllen. Der Mann
sagte: ,,Ich wünsche wirklich, ich könnte die Aufgabe übernehmen, aber es ist mir nicht möglich. Meine Geschäfte, denen ich
in England zur Zeit nachgehe, fordern mich völlig; und sie würden großen Schaden leiden, könnte ich mich nicht um sie kümmern.‘‘ Daraufhin antwortete die Königin: ,,Sir, wenn du bereit
bist, zu gehen und *meine* Angelegenheiten zu regeln, dann werde ich mich hier in England um *deine* Angelegenheiten kümmern.‘‘

Beginne alle Dinge in deinem Leben so zu ordnen, daß Gott
überall an erster Stelle steht. Ich habe dieses Buch geschrieben,
um dir dabei zu helfen.

Wenn wir uns überarbeitet fühlen und jemand rät uns, wir
sollten uns ein wenig Ruhe gönnen — so hilft dies nur vorübergehend. Wenn man uns sagt, wir sollten einen Urlaub nehmen,
so kommen wir anschließend doch in dasselbe aufreibende Leben zurück. Rät uns aber jemand, wir sollten zu Gott gehen,
dann haben wir die beständige Lösung gefunden. Unser Leben
wird völlig verändert. Wir gehen stets neu gestärkt an unsere
Aufgaben — und das wird immer so sein. Gott sagt: ,,*Mein An-
gesicht wird mit dir gehen, und Ich werde dir Ruhe verschaffen*‘‘
(2. Mose 33,14).

Laß dein Herz zu Gott gehen und ruhe in Ihm, mache Ihn zu
deiner Wohnung. Johannes 15 sagt: ,,*Bleiben*‘‘ in Ihm — sich

dort niederlassen, so sicher wie in einer starken, ewigen Burg.

Liebe christliche Schwester, wie gut kennen wir Gott? Nur gerade eben — oder wirklich? Der Apostel Paulus schreibt den Philippern dazu: *„Ich sehe alles als Verlust an, weil die Erkenntnis Christi Jesu, meines Herrn, alles übertrifft. Seinetwegen habe ich alles aufgegeben und halte es für Unrat, um Christus zu gewinnen und in Ihm zu sein . . . Christus will ich erkennen und die Macht Seiner Auferstehung und die Gemeinschaft mit Seinen Leiden"* (Philipper 3,10-12). Was meint Paulus mit diesen Worten? Mein Mann, Ray Ortlund, soll es erklären. Das Folgende stammt aus einer seiner Predigten:

„Paulus erklärt, er wolle Christus erkennen, obwohl er doch um Jesu Christi willen im Gefängnis saß. Was hat er wohl mit diesen Worten sagen wollen? Ging es ihm darum, noch besser über Christus belehrt zu werden, um noch mehr von Ihm zu wissen? Das ist sehr wichtig. Wir können gar nicht genug über Christus wissen. Doch das ist es nicht, was Paulus meinte. Paulus wollte nicht nur etwas über Christus wissen, sondern er wollte Jesus Christus kennenlernen; und zwar in Seiner ganzen Tiefe und Höhe, in der Fülle Seines Reichtums. Lieber Freund, wenn du Gott kennenlernst, dann gerätst du in eine gewaltige Ekstase, in eine große Begeisterung — und genau dafür hat dich Gott geschaffen, Ihn auf diese Weise kennenzulernen. Die Tatsachen über Gott sind sehr wichtig. Aber Gott selbst — in Ihm zu leben und von Ihm erfüllt zu sein, dafür hat Gott uns geschaffen."

In unserer ersten kleinen Gemeinde im ländlichen Pennsylvanien hatten wir eine sehr alte Frau. Miß Ettie Neal zählte 97 Jahre. Da ihr Hüftknochen gebrochen war, mußte sie beständig im Bett liegen. Als einer der Ältesten den neuen, blonden und 26 Jahre alten Pastor mit zu ihr nahm, rief sie: „Du liebe Zeit — er ist ja noch ein Junge!" Und für sie war er das tatsächlich. Von da an besuchte Ray Miß Ettie jede Woche. Er saß neben ihrem Bett und nahm ihre knochige Hand (wenn sie 97 ist und der Bursche 26, dann ist das in Ordnung), las ihr aus der Bibel vor und betete mit ihr.

Nun stell dir vor: Eines Tages erzählte Miß Ettie ihm, sie sei als kleines Mädchen einmal mit in unsere Hauptstadt Washington gefahren, habe dort den Präsidenten Abraham Lincoln kennengelernt und ihm sogar die Hand geschüttelt.

Wenn jemand, na zum Beispiel aus Burma, mich fragen würde: „Kennst du Abraham Lincoln?", würde ich antworten: „Sicher, er war ein amerikanischer Präsident zur Zeit des Bürgerkriegs, usw." Doch ich kenne Abraham Lincoln nicht so gut wie Miß Ettie Neal ihn kannte.

Und Miß Ettie wiederum kannte Lincoln längst nicht so gut, wie der kleine Tad Lincoln ihn kannte, der zu jeder Zeit in das Arbeitszimmer seines Vaters stürmen und auf seine knochigen Knie klettern durfte, um ein wenig an dessen Weisheit und Liebe teilzuhaben.

Siehst du, liebe Freundin, was ich meine? Manches über Gott zu wissen und Gott wirklich kennenzulernen ist etwas ganz anderes. Hier ist die erste Priorität unseres Lebens, und danach gilt es zu streben. Doch wie tun wir das? Ich möchte dich auf vier Möglichkeiten hinweisen, der Geist Gottes wird dir sicherlich noch viele mehr zeigen.

Erstens: Bleibe in Gottes Gegenwart. Jesus tat dies. Er sagte: *„Glaubst du nicht, daß Ich im Vater bin und daß der Vater in Mir ist?"* (Johannes 14,10). Gewiß, Jesus war ein besonderer Mensch, denn Er war gleichzeitig Teil der göttlichen Dreieinigkeit. Doch Er fordert uns auf, ebenso in Ihm zu bleiben, wie Er im Vater ist. Bleibe mit deinem Leben ganz bewußt Augenblick für Augenblick vor Ihm. Vertraue Ihm, daß Er dir dabei hilft. Psalm 16,8 sagt: *„Ich habe den Herrn beständig vor Augen. Er steht mir zur Rechten, ich wanke nicht."*

Zweitens: Versäume nie die tägliche stille Zeit allein mit Gott. Jesus hielt das so. Er sandte die Menschenmassen hinweg, um zu beten (Matthäus 14,23). Als unsere drei Kinder $2\frac{1}{2}$, $1\frac{1}{2}$ Jahre und ganz neu waren, schienen mir meine Tage eine einzige Folge von Milchflaschen und Windeln zu sein, so daß ich mich verzweifelt nach Gebetszeiten sehnte. Ich schlafe gewöhnlich wie ein Murmeltier. Doch in dieser Lage sagte ich: „Herr, wenn Du mir hilfst, will ich mir jede Nacht von 2—3 Uhr Zeit für Dich nehmen." Ich hielt meine Abmachung mit dem Herrn ein, bis meine Arbeit mit den Kindern wieder leichter wurde — und ich bin nicht daran gestorben, und bereut habe ich es auch nie. Jeder von uns hat jeden Tag 24 Stunden. Wenn wir wirklich wollen, finden wir darin sicher Zeit, uns im Gebet und in Seinem Wort in Ihn hineinzutauchen.

Drittens: Nimm dir ab und zu länger Zeit, um den Herrn zu suchen. Jesus tat so! In Lukas 6,12 finden wir, daß Er die ganze Nacht im Gebet verbrachte, weil Er fühlte, daß Er es nötig hatte — Er, der Sohn Gottes! Wieviel mehr brauchen wir solche Zeiten mit Gott. Ray und ich nehmen uns dafür gewöhnlich jeden Monat einen Tag. Wir verlassen die Stadt und gehen in die Stille; beten dort, denken über Gottes Wort und über unsere Aufgaben nach, überlegen, was wir noch besser machen könnten und unterhalten uns über unsere gegenseitigen Beziehungen als Mann und Frau. Wir finden, daß die Zeit jedesmal zu kurz ist.

Viertens: Sei treu im Besuch der Gottesdienste deiner Gemeinde. Jesus war es auch! In Lukas 4,16 lesen wir: *,,Er ging, wie gewohnt, am Sabbath in die Synagoge."* Ganz gewiß ging der Sohn Gottes nicht in erster Linie zum Gottesdienst, *um dort einen Segen zu empfangen.* Gar manchmal mag von Segnungen kaum etwas zu spüren gewesen sein. Er ging, weil Er in allen Dingen Seinem Vater gefallen wollte. Gehe treu jede Woche zum Gottesdienst, ob du dich nun danach fühlst oder nicht, ob eine gute Predigt zu erwarten ist oder eine weniger gute. Wir gehen, weil es Gott gefällt, weil Er uns in Seiner Gemeinde sehen möchte; und nicht nur beim Fernseh- oder Radiogottesdienst, sondern persönlich vereinigt mit dem Leib Jesu Christi (Hebräer 10,25).

Die zweitwichtigste Priorität unseres Lebens muß die Verbindung zu eben diesem Leib Christi sein. Das ist ein Grund, weshalb du es nie versäumen sollst, die Gottesdienste der Gemeinde zu besuchen. Deine leibliche Familie ist sehr kostbar und wichtig, doch sie ist es nur vorübergehend — allein für diese Erdenzeit. Deine geistliche Familie, die Gemeinde, bleibt ewig. Ich glaube, wir alle haben noch sehr viel zu lernen in unseren Aufgaben als geistliche Väter und Mütter, Brüder und Schwestern, Töchter und Söhne usw. Oft haben wir diese Aufgaben nur sehr armselig wahrgenommen. Keine Angst: dadurch wird deine kostbare und einmalige leibliche Familie keinesfalls zurückgesetzt; deine geistliche Familie wird auf diese Weise in deinem Leben einfach nur auf ein höheres Niveau gehoben, was sie auch verdient hat. Wahre Treue und enge Gemeinschaft zu deiner geistlichen Familie wird eher helfen, daß deine Beziehungen zu deiner leiblichen Familie noch besser werden.

In unserer Zeit werden die Verpflichtungen, die man der Familie und der Gemeinde des Herrn gegenüber hat, oft gegeneinander abgewogen und ausgespielt. Das ist eine ganz verkehrte und schreckliche Sache; etwa so, als wenn man zwei gute Freunde wie Feinde gegeneinander ausspielen würde. Diese Ansichten machen die Gemeinde jedesmal zum Prügelknaben, indem behauptet wird, es sei „geistlich", keinen Diakonendienst zu übernehmen, nicht im Chor zu singen oder in der Sonntagsschule zu helfen, weil man mit der Familie daheim vor dem Fernseher sitzen muß, die Füße auf den nächsten Sessel gelegt, und dabei eifrig Kartoffelchips kauen.

Ich will dir von der Hundefamilie — es sind Schnauzer — meines Freundes Bruce erzählen: Wir machten dort einen Besuch, als Mutter Schnauzer gerade Junge hatte. Die ganze Familie saß in der Küche in einem großen Korb. Dieser Korb war für die Kleinen ihre ganze Welt; und dabei drängten sie sich eng an ihre Mutter, weil sie dort Wärme, Nahrung und Liebe empfingen, kurz — alles, was sie benötigten. Sie wußten nichts davon, daß sie völlig abhängig waren von einer größeren Familie — einer menschlichen, nämlich von Bruce, June und ihren Kindern —, die (unter Gott) die eigentliche Quelle waren, aus der sie alles empfingen, was sie nötig hatten.

Hast du eine leibliche Familie? Dann haltet eng zusammen und erfreut euch an der Wärme, der Versorgung und der Liebe, die dort geschenkt wird. Doch vergiß nie, daß die eigentliche Quelle göttlicher Liebe, Wärme, Seelennahrung und wahrer Gemeinschaft von der größeren Familie kommen sollte, die ewig bleibt — von der Gemeinde. Beachte sorgfältig, was das Neue Testament uns klar sagt, daß wir nämlich unsere Gaben dazu verwenden sollten, den Leib Christi zu stärken, und daß wir unsererseits ebenfalls geistliche Nahrung und Stärkung aus der Gemeinschaft des Leibes empfangen sollen, so daß wir gemeinsam als eine großartige und ewige Gottesfamilie heranwachsen. Und wenn wir in der Gemeinde Liebe, geistliche Nahrung und Gebet empfangen, dann werden auch unsere Schwierigkeiten und Probleme in unserer leiblichen Familie dadurch immer wieder behoben.

Der Apostel Paulus jedenfalls achtete die Familie Gottes höher als alle menschlichen Beziehungen. Er schreibt: *„Es ist nur recht, daß ich so über euch alle denke, weil ich euch ins Herz geschlossen habe... Gott ist mein Zeuge, wie ich mich nach euch allen sehne mit der herzlichen Liebe, die Christus Jesus zu euch hat. Und ich bete darum, daß eure Liebe immer noch reicher an Einsicht und Verständnis wird"* (Philipper 1,7- 9).

„Ach ja", denken wir vielleicht, „diese Philipper sind sicher auch sehr liebe, nette und bewundernswerte Menschen gewesen — ganz anders als die Christen in *unserer* Gemeinde." Moment mal: In Kapitel 4 kannst du dann lesen, wie Paulus die Euodia und die Syntyche ermahnt, mit ihren gegenseitigen Streitereien aufzuhören, damit dadurch in der Gemeinde nicht noch größerer Schaden entsteht.

Also doch nicht sehr viel anders als wir, mit den gleichen Versuchungen und Schwächen. Deshalb müssen auch wir bereit sein, unseren Brüdern und Schwestern in Christus mit der gleichen „Priorität-Nr. 2-Liebe" zu begegnen, die auch dann noch liebt, wenn es nicht nur solche unter unseren Mitchristen gibt, die uns sympathisch sind, und selbst dann noch, wenn der eine oder andere etwas tut, was uns nicht gefällt oder gar ärgert. Da gilt es dann, an dem Vorbild Jesu festzuhalten und zu erkennen, daß die anderen Glieder der Gemeinde genau wie wir selbst durch Jesu Opfer auf Golgatha von Gott zu unseren Brüdern und Schwestern gemacht worden sind und daß sie es deshalb wert sind, von uns geliebt zu werden; und zwar auch dann noch, wenn das von unserer Seite einmal Überwindung, Einsatz und Opfer kostet.

Das, liebe Freundin, nicht nur eine schöne Tasse Kaffee bei der Nachmittagsunterhaltung, ist wahre christliche Gemeinschaft. In welcher Gemeinde du auch immer stehst, welche auch immer deine geistliche Familie ist, sieh stets zu, daß dein Herz mit dem der anderen eins ist. Hilf mit, die Einheit im Geist zu bewahren. Pflege Gemeinschaft mit den anderen Gemeindegliedern, liebe sie, sorge für sie, wenn es nötig ist. Hilf ihnen, stärke sie in Christus, unterweise sie und laß dich von ihnen unterweisen. Und jedesmal, wenn es Situationen gibt, in denen diese Gemeinschaft Schaden nehmen könnte, überwinde sie durch die Liebe, die Christus uns geschenkt hat.

Judy und ich gehören zu einer kleinen Gruppe von vier Frauen der Gemeinde. Wir treffen uns jede Woche einmal, besprechen Dinge, beten zusammen — manchmal auch am Telefon, betrachten zusammen die Bibel, helfen uns gegenseitig und gemeinsam auch anderen, wo das nötig wird. Judy und ich hatten eine Meinungsverschiedenheit über eine biblische Erkenntnis. Sie spricht in Zungen und ich nicht, weil ich glaube, daß der Heilige Geist mir andere Geistesgaben geschenkt hat. Das hat heftige Diskussionen zwischen uns beiden ergeben. Doch wir erkannten zum Schluß, daß darunter unsere Liebe zueinander nicht leiden durfte, sondern daß sie gerade auch da ausreichen muß, uns trotz verschiedener Ansichten zusammenzubinden, bis wir vielleicht auch in diesem Punkt zur gleichen Erkenntnis gelangen.

Die dritte Priorität unseres Lebens müssen nach Gott und Seinen Kindern die bedürftigen Menschen in unserer Welt sein. Wir dürfen uns nicht von ihnen abwenden. Eine „Gottsegne-sie-Einstellung", sonst aber haben wir nichts weiter mit ihnen zu tun, macht uns bald engherzig, ichbezogen und engt unser Blickfeld und unsere Denkweise ein. Die tüchtige Frau aus Sprüche 31 *„öffnet ihre Hand für den Bedürftigen und reicht ihre Hände dem Armen"* (Vers 20).

Die meisten Leute bewundern Menschen, die sich für andere in deren Not einsetzen, die missionieren und Zeugendienst tun, aber selbst tun sie nichts, sondern überlassen das den „starken" und „tüchtigen" Christen, die sie dafür gebührend bestaunen. Doch das ist töricht. Überall in unserer Umgebung gibt es Menschen, die in Schwierigkeiten sind und sich verzweifelt abquälen. Sie würden uns als Engel sehr willkommen heißen, wenn wir ihnen in ihrer Not unter die Arme greifen, ihnen von Jesus erzählen oder ihnen da helfen, wo sie Hilfe nötig haben.

Wir wissen, daß es so ist. Aber warum tun wir dann nichts? Nun, wenn du so ähnlich bist wie ich, dann vielleicht deshalb, weil wir zu schüchtern sind. Ich brauche eine Gruppe von Christen, die mich ermutigen, denen ich die Nöte, die ich sehe, mitteilen kann und die mir den Rücken stärken.

Eines Tages, als ich im Friseur-Salon wieder unter dem Haartrockner saß, trat eine hübsche Rothaarige zu mir und sagte: „Ich bin Barbara. Das Mädchen, das Sie immer bediente, hat uns letzte Woche verlassen. Ich habe jetzt ihre Aufgabe übernommen."

„Hallo, Barbara!" antwortete ich. Schon fünf Minuten später erzählte sie mir, ihr Mann habe sie verlassen und sie fürchte sich nachts allein. Die Kinder gaben ihr die Schuld für den Zerbruch der Ehe — und bald liefen ihr die Tränen über das Gesicht.

„Barbara", fragte ich, „gehen Sie zum Gottesdienst?"

„Nein", sagte sie. „Aber wenn ich nicht bald mit mir selbst wieder klarkomme, wird etwas sehr Schlimmes geschehen."

„Würden Sie am nächsten Sonntag mit mir zum Gottesdienst gehen?"

„Sicher."

Ich nahm all meinen Mut zusammen. „Und würden Sie auch mit zu einer Bibelklasse für Erwachsene gehen?"

„Gewiß", nickte sie. „Ich tue alles, was mir helfen könnte."

Bisher war alles so leicht gegangen, also beschloß ich, noch einen Schritt zu wagen. „Barbara, Sie sollten noch etwas tun, wenn Sie alles richtig kennenlernen wollen."

„Ich tue alles, was Sie sagen", stimmte sie zu.

„Nun, Sie sollten zuerst mit zur Bibelklasse gehen, anschließend zum Gottesdienst, und danach einfach noch ein wenig dableiben."

Weißt du, wie wunderbar es ist, wenn man nach dem Gottesdienst noch ein wenig Zeit hat und mit den anderen Gemeinschaft pflegt? Ich bin dankbar für das, was ich immer bei meinen Eltern sah. Sie waren stets unter den letzten, die nach Hause gingen, Sonntags morgens und Sonntags abends. So können auch Menschen, die neu zum Gottesdienst kommen, fühlen, daß sie mit offenem Herzen aufgenommen werden.

Während der nächsten Wochen befolgte Barbara eifrig dieses Eins-zwei-drei-Muster und wurde so unmerklich in unsere Gemeinschaft hineingezogen. Jede Woche fragten mich die Schwestern unserer kleinen Gebetsgruppe: „Wie steht es mit Barbara? Wofür sollten wir im Blick auf sie jetzt besonders beten? Hast du konkret mit ihr darüber sprechen können, daß sie sich zum Herrn bekehren muß?" Und dann beteten sie — mit mir und für mich.

Diese Unterstützung und Ermutigung braucht jeder Christ, der nicht gerade die Gabe des Missionierens und Evangelisierens hat. Auch mir hat es immer sehr geholfen. So war es auch nicht zu überraschend, daß Barbara einige Zeit später ihr Leben dem Herrn übergab. (Drei Hallelujas! Es war Feuerwerk im Himmel!)

Kannst du erkennen, wie diese drei Prioritäten in der richtigen Reihenfolge sich gegenseitig befruchten und unterstützen? Priorität eins muß vor Priorität zwei kommen. Wenn wir nicht reich sind in Gott und Seinem Wort, ist es auch um unser geistliches Leben arm bestellt, und wir haben nichts wirklich Wichtiges zu geben, wodurch unsere Mitchristen erbaut werden. Und Priorität zwei muß der Priorität drei vorangehen. Denn wenn wir nicht in enger Gemeinschaft mit unseren Brüdern und Schwestern in Christus leben, werden wir auch nicht viel bewirken, wenn wir die Welt um uns erreichen wollen.

Diese drei Prioritäten sind für mich so wichtig geworden, daß sie sich in meinem täglichen Leben ganz praktisch auswirken. Oft komme ich während des Tages an einen Punkt, da überlege ich: Was sollte jetzt als nächstes getan werden?

Nun überprüfe ich Priorität eins. Hatte ich heute schon meine stille Zeit mit Gott? Noch nicht? Dann ist dies das nächste, was zu geschehen hat, alles andere kann nun warten. Mir wird dadurch wieder neu Seine Gegenwart in meinem Leben bewußt.

Dann kommt Priorität zwei. Welche Dinge auf meiner Liste haben mit meinen Brüdern und Schwestern in Christus zu tun? Diese sind nun als nächste an der Reihe.

Anschließend schaue ich auf Priorität drei. Welche noch übrigen Dinge haben mit meinem Zeugnis in der Welt zu tun? Denen wende ich mich jetzt zu.

Lasse ich mich in der Liste der zu erledigenden Dinge durch diese drei Prioritäten leiten, dann wird das Wichtigere immer vor dem Dringenden an die Reihe kommen — und das ist so notwendig. Wenn wir immer nur das Dringende tun, laufen wir stets der Alarmglocke hinterher und spielen Feuerwehr. Ich habe aber oft feststellen müssen, daß das scheinbar Dringende nicht immer das Wichtigste ist.

Betrachte einmal dein Leben. Ganz gleich, an welchem Platz du stehst — Hausfrau, Mutter, im Berufsleben oder allein Kinder erziehend —, hast du die richtigen Prioritäten gefunden? Baust du dein Leben auf ewigen Fundamenten auf? Wenn nicht, solltest du dein Leben neu ordnen, damit du eine solche Frau wirst, wie Gott sie haben möchte.

3. Kapitel

Deine Einstellung zur Arbeit

Du würdest nicht glauben, wo ich diese Worte schreibe!

„Na, wo schon?" fragst du.

Also gut. Ich sitze auf einer bequemen Couch in einer Ecke des „Royal Hawaiian Hotel" in Honolulu. Zu meiner Rechten steht eine riesige kupferne Schale mit Hibiskus- und Orchideen-blüten. Vor mir habe ich das Meer und sehe die Auslegerkanus über die Wellen von Waikiki gleiten. Dabei umgibt mich das Rauschen der Brandung, der Gesang vieler Vögel und leise Ge-spräche.

Ray, Nels und ich sind für einen Monat auf Hawaii. Es ist nicht das erste Mal. Wir kennen die Insel schon von früheren Besuchen. Diesmal verbringen wir eine ruhige Zeit fast nur im Hotel — lesen, ruhen aus, beten, schreiben und spielen zu-sammen.

„Was für ein Leben!" sagst du.

Tatsächlich — welch ein Leben! Aber dieser Monat auf Ha-waii kommt nach einer Zeit der Arbeit, die mich zur totalen physischen Erschöpfung brachte.

Meine schwere Operation liegt nun sechs Monate hinter mir. Die ersten beiden Monate habe ich wirklich ausgeruht und viel geschlafen. Doch in den vier folgenden Monaten war ich auf neun Bibelkonferenzen die Rednerin, habe in 25 Bibelklassen Unterricht gegeben, hatte viele seelsorgerliche Aussprachen, schrieb Lieder, arbeitete an diesem Buch, führte Gespräche, machte meinen Haushalt, empfing immer wieder Gäste und besuchte regelmäßig die Gottesdienste. Ich sorgte für unseren Adoptivsohn Nels, half Ray bei manchen Arbeiten und reiste von Los Angeles nach Washington, San Francisco, Chikago, Birmingham und San Diego. Bei der letzten Untersuchung vor zwei Wochen stellte der Arzt fest, daß ich wieder zuviel an Gewicht verloren hatte.

„Sie mißbrauchen Ihren Körper", sagte Doktor Stewart.

Ich muß sagen, darüber hatte ich nie nachgedacht. Ich fühlte, daß alles, was ich tat, Gottes Wille war, und deshalb machte mir die Arbeit Freude. Doch Gott ist so gut zu uns. Und so hatte Er an diesem Punkt für mich einen Monat Ruhe auf Hawaii vorgesehen. In der ersten Woche schliefen wir zehn Stunden und mehr pro Tag, und ich legte wieder an Gewicht zu.

Ich mußte an Paulus denken. Er schrieb: *„Sie sind Diener Christi. — Ich rede unsinnig — ich bin es auch über die Maßen. In Mühen um so mehr, in Gefängnissen um so mehr, in Schlägen übermäßig, in Todesgefahr oft"* (2. Korinther 11,23).

Ich frage mich: Wo war Paulus' Hawaii? Er tröstet die Hebräer: *„Ihr habt im Kampf gegen die Sünde noch nicht bis aufs Blut widerstanden"* (Hebräer 12,4) — wie er selbst es schon hatte.

Nie finden wir in der Bibel Ermahnungen wie etwa: „Nun sei vorsichtig, übernimm dich nicht, laß es ein wenig langsamer angehen." Irgendwie tun du und ich das sowieso sehr schnell, ohne daß man uns dazu noch ermutigt.

Doch Gott legt großen Wert auf Arbeit — auf alle Arbeit, doch besonders auf solche für die Ewigkeit. *„Daher, meine geliebten Brüder, seid fest, unerschütterlich, allezeit überströmend in dem Werk des Herrn, da ihr wißt, daß eure Mühe im Herrn nicht vergeblich ist"* (1. Korinther 15,58).

Der Zahltag kommt gewiß. Was ist die Arbeit dieses kleinen Lebens im Vergleich dazu? Denk an das Beispiel des Epaphroditus. Paulus schrieb über ihn an die Philipper: *„Nehmt ihn nun auf im Herrn mit aller Freude und haltet solche Brüder in Ehren; denn um des Werkes Christi willen ist er dem Tod nahe gekommen und hat sein Leben gewagt, um den Mangel in eurem Dienst für mich auszugleichen"* (Philipper 2,29.30). Es gibt keinerlei Hinweis, daß Paulus den Epaphroditus jemals getadelt hätte, weil er zuviel arbeitete, oder daß er versucht hätte, ihn zu einer langsameren Gangart zu bewegen. Paulus lobt ihn nur wegen seines Eifers.

Natürlich ging es hier zunächst um Arbeit im Reich Gottes. Doch auch ich möchte die kostbare Zeit, die Gott mir geschenkt hat, nicht einfach verändeln, sondern sie benutzen, Menschen in Verbindung mit Gott zu bringen und sie für den Himmel zu beeinflussen. Und um dieser herrlichen Aufgabe willen, liebe Freundin, dürfen wir uns wirklich bis zum äußersten anstrengen. Uns bleiben dafür doch nur wenige Jahre, um uns dann in alle Ewigkeit an unserem Lohn erfreuen zu können.

Doch wir wollen auch einiges über die sogenannte säkulare Arbeit sagen: Vielleicht bist du eine alleinstehende arbeitende Frau — wie Lydia, die mit kostbaren Stoffen handelte (Apostelgeschichte 16,14.15). Oder du bist eine Hausfrau, die ebenfalls zur Arbeit geht — wie Priscilla, die gemeinsam mit ihrem Mann Zelte herstellte (Apostelgeschichte 18,2.3). Oder du hast einen Haushalt zu führen — wie Maria, die Mutter von Johannes Markus (Apostelgeschichte 12,12). Alle drei standen ganz gewiß an ihrem gottgewollten Platz und waren großartige und tief geistliche Frauen, die Gott gebrauchen konnte.

In jedem Falle hoffe ich, daß du auf die eine oder andere Weise arbeitest. Und über die Arbeit hat Gott viel zu sagen. Allein in den Sprüchen wird 28 mal von der Schönheit und dem Segen eifriger Arbeit geredet. Hier nur einige dieser Verse:

„Lässige Hand bringt Armut, fleißige Hand macht reich" (Sprüche 10,4).

„Die Hand des Fleißigen erringt die Herrschaft, die lässige Hand muß Frondienste leisten" (Sprüche 12,24).

„Das Verlangen des Faulen regt sich vergebens, das Verlangen des Fleißigen wird befriedigt" (Sprüche 13,4).

"Der Faule pflügt nicht im Herbst; sucht er in der Erntezeit, so ist nichts da" (Sprüche 20,4).

Der Faule hat immer Ausreden, warum er nicht arbeiten kann, sagt uns die Bibel. *"Der Faule sagt: Ein Löwe ist draußen, mitten auf der Straße käme ich ums Leben"* (Sprüche 22,13).

Fleißige Arbeit hat noch nie geschadet. Es ist nur unsere falsche Einstellung zur Arbeit, wodurch in unserem Leben das Getriebe knirscht und wir immer wieder unter Streß geraten. Aus diesem Grunde sollte unsere Arbeit, wenn wir damit in Gottes Willen sind, uns nur körperlich ermüden — durch eine Zeit der Ruhe verschwindet diese Müdigkeit wieder —, aber wir sollten dadurch nicht seelisch und geistlich müde werden.

Kürzlich ist der vermutlich älteste Mensch unserer Zeit, ein Einwohner der Sowjetunion aus dem Kaukasus, im wahrscheinlichen Alter von 168 Jahren gestorben. Der Mann, Sirali Mislimdow, schreibt sein langes Leben seiner fleißigen und regelmäßigen Arbeit, der guten Bergluft und dem mäßigen Essen zu. Die *Los Angeles Times* schrieb, er habe noch bis zuletzt regelmäßig Holz gehackt und an seinem letzten Geburtstag fast den ganzen Tag im Garten gearbeitet; außerdem machte er noch jeden Tag einen Spaziergang von fast einem Kilometer.

Es kommt darauf an, zu erkennen, daß Arbeit für uns in Gottes Plan liegt. Wenn du seelisch oder geistlich — oder gar beides — ermüdet bist, überprüfe einmal folgende Punkte:

1. Hast du dein Leben so geordnet, daß Gott den ersten Platz einnimmt? Lebst du in Seiner Gegenwart und nimmst dir Zeit genug zum Gebet, für Sein Wort und zum Lobpreis?
2. Hast du dich bemüht, wirklich die beste Gemeinde zu finden, in der du Glied bist; und räumst du deinen Brüdern und Schwestern nach Gott den zweiten Platz in deinem Leben ein, so daß auch du deine Freuden und Nöte mit ihnen teilen kannst, von ihnen guten Rat empfängst und dich auch für sie verantwortlich weißt?

3. Bemühst du dich, die Ungläubigen in deiner Umgebung für Christus zu erreichen? Hast du ein offenes Herz für die physischen und geistlichen Nöte anderer Menschen?

Wenn du an diesen drei Prioritäten in der richtigen Reihenfolge festhältst, wirst du daraus wahrscheinlich die nötige geistliche und seelische Kraft schöpfen können. Doch wenn du diesen dreien in deinem Leben den richtigen Platz eingeräumt hast und dich deine Arbeit immer noch seelisch und geistlich erschöpft, dann hast du vielleicht nicht die richtige, dir von Gott bestimmte Arbeit.

Arbeit ist Gottes Absicht für uns. Deshalb müssen wir die Arbeit finden, die am besten zu unseren Anlagen und Fähigkeiten paßt. Daher müssen wir die Arbeit vielleicht wechseln. Das muß nicht unbedingt verkehrt sein. Die Umstände mögen dies erfordern, oder vielleicht öffnet sich in deinem Leben so eine Zeitkapsel, so daß du neue Interessen und Fähigkeiten in dir entdeckst.

Doch bringe Arbeit nicht unbedingt mit Geld in Verbindung. Hast du eine Erbschaft gemacht, von der du leben kannst, oder verdient dein Mann genug Geld, solltest du dir trotzdem Arbeit und eine Aufgabe suchen, gegebenenfalls sogar ohne Bezahlung. In der Welt ist soviel Not. Verschenke dich selbst mit deiner Kraft und Zeit an Gott und die anderen.

Sieh deine Arbeit nie als Quelle für deine Versorgung an. Tust du es und verlierst deine Arbeit, kann dich das zu einem Nervenzusammenbruch führen. Die Quelle deiner Versorgung, deines Geldes, ist Gott. Ihm gehört alles, und Er hat oft versprochen, daß Er für die leiblichen Nöte aller Seiner Kinder sorgen will.

Ich kenne einen jungen Mann, der spürte, daß Gott ihn gerufen hatte, auf ein Bibelseminar zu gehen, um sich dort für den Dienst im Reiche Gottes ausbilden zu lassen. Doch er hatte eine Frau und zwei kleine Kinder, deshalb wußte er nicht, wie er die volle Stundenzahl im Seminar bewältigen und trotzdem noch für Frau und Kinder sorgen sollte. Andererseits wollte er nicht, daß seine Frau sich eine Arbeit suchte. Sie sollte für die beiden kleinen Kinder da sein. Das Bibelseminar und die Familie hatten für ihn höhere Priorität als sein Beruf. Also vertraute er schlicht Gott als Quelle für seine Versorgung und begann das Seminar zu besuchen. Er erlebte nun, daß ihm aus ganz unerwarteten Quellen Geld zufloß, so daß er seine Familie versorgen und das erste Jahr der Ausbildung abschließen konnte, ohne die geringsten Schulden zu machen. Gott ist immer unsere Quelle.

Schon im Paradies und dann auch später hat Gott den Menschen immer wichtige und sinnvolle Aufgaben für ihr Leben übertragen. Und diese Aufgaben sind Sein Wille für uns. Sie mögen dabei die Kosten für unsere leiblichen Bedürfnisse decken oder manchmal vielleicht auch nicht; darauf sollte es uns nicht ankommen, sondern wir sollen sie trotzdem mit vollem Eifer ausführen. Jesus selbst sagt: *,,Meine Speise ist es, den Willen dessen zu tun, der Mich gesandt hat"* (Johannes 4,34) — und der Vater wiederum sorgte für Jesu irdische Bedürfnisse.

Doch das Leben des Glaubens erfordert, daß wir zuerst Seinen Willen tun, ehe wir uns Gedanken machen über unsere Versorgung mit Geld und die nötige physische Kraft und Gesundheit und alle anderen Bedürfnisse. Im Christenleben heißt es nicht ,,sehen ist glauben", sondern ,,glauben ist sehen". Zuerst suche ,,*Sein Reich und Seine Gerechtigkeit*", und danach ,,*wird euch alles andere dazugegeben"* (Matthäus 6,33).

Im Juli 1975 wurden meine Bereitschaft, Gottes Willen zu tun, und mein Vertrauen, daß Er helfen würde, wirklich auf die Probe gestellt. Bitte verstehe mich recht: Ich meine nicht, daß man zu allen Wünschen und Forderungen, die man an uns stellt, immer ,,ja" sagt und so der Esel für alle wird. Manchmal war ich das, obwohl ich von meiner natürlichen Veranlagung her eher zur Faulheit neige. Doch wenn Gott Forderungen an uns stellt, sollten wir gehorchen. Und diesmal schien es so zu sein, daß Gott mir mehr Aufgaben übertragen wollte, als ich glaubte bewältigen zu können.

Ich war bis über die Ohren beschäftigt mit Schreibarbeiten, Vorträgen bei vielen Veranstaltungen, Gemeindearbeit, Seelsorgedienst, Mutteraufgaben sowie die Unterstützung von Rays Dienst. Und nun wollte unsere Gemeinde ein großes Programm mit dem Namen „Evangelisations-Explosion" beginnen.

„Anne", sagte Ray zu mir, „es wäre mir sehr lieb, wenn du dich einmal gründlich mit diesem Programm beschäftigen würdest, damit wir sicher sind, es findet sich darin nichts, was gegen die Überzeugung unserer Gemeinde ist."

Nun, „Evangelisations-Explosion" ist ein großartiges Programm, doch es benötigt wöchentlich viele Stunden, darin zu arbeiten, Besuche zu machen usw. Langsam bekam ich das Gefühl, ich müßte vor vieler Arbeit bald durchdrehen. Doch da Ray mich gebeten hatte — mein lieber, immer um mich besorgter Ray —, sagte ich zu, obwohl ich nicht sicher war, wie ich damit fertigwerden sollte.

In der ersten Woche des Programms erfuhren wir, daß unser Gemeindeorganist seinen Dienst nicht mehr ausüben konnte. Wo immer ich gebraucht werde, springe ich ein. Doch das Üben an der Orgel für die Gottesdienste erforderte mindestens weitere sieben Stunden pro Woche. Jetzt sah ich mich schon in all den Anforderungen untergehen.

Doch nur wenige Tage später kam eine liebe Frau zu mir und sagte: „Anne, ich habe das Gefühl, daß du mit ungeheuer vielen Aufgaben fertigwerden mußt. Ich würde es als ein Vorrecht ansehen, wenn du mir gestatten würdest, für dich eine Teilzeithaushaltshilfe zu finanzieren. Wie viele Stunden pro Tag könntest du so eine Hilfe gebrauchen?"

Von der folgenden Woche an — und seither immer — arbeitet eine liebe, verantwortungsbewußte und fähige Frau viermal pro Woche halbtags für mich. Sie geht einkaufen, erledigt für mich Besorgungen, putzt und kocht, wäscht und bügelt. Sie betet für mich, während sie diese Arbeit erledigt, weil sie weiß, daß sie damit an meinen Aufgaben und Diensten teil hat. Sie bringt mir immer wieder eine Tasse Tee und findet stets ermunternde Worte. Das Haus ist sauber, und die Arbeiten, die mir zu tun bleiben, sind genau die Menge, die ich zu bewältigen vermag. *„Kommt alle zu Mir"*, sagt Jesus, *„die ihr euch plagt und* *schwere Lasten zu tragen habt; Ich werde euch Ruhe verschaffen. Nehmt Mein Joch auf euch und lernt von Mir, denn Ich bin gütig und von Herzen demütig; so werdet ihr Ruhe finden für eure Seele. Denn Mein Joch drückt nicht, und Meine Last ist leicht"* (Matthäus 11,28-30).

Glaube nun nicht, die Moral dieser Geschichte wäre, daß jede Frau, die Christus dient, eine Reise nach Hawaii und eine Haushaltshilfe erhält. Ich weiß nur eins: Wenn wir unsere Arbeit tun im Gehorsam zu Ihm und vorbehaltlos „ja" sagen, noch ehe wir sehen, wie sich die Dinge fügen, dann wird der Herr alles in der rechten Weise ordnen. Er wird es uns vergelten auf tausendfache wunderbare Weise. Und wir erleben und fühlen dabei, daß wir in unserer Arbeit ruhen können. Wir werden durch die Arbeit, die in Seinem Willen ist, herausgefordert und ermutigt.

Viele Menschen in unserer heutigen Zeit leben nur noch der Torheit ihres eigenen Egoismus und Vergnügens. Sie wollen immer mehr Geld für immer weniger Arbeit. Liebe Mitchristin, erkenne, wie großartig echter Fleiß ist! Ein Teil davon, wie du Christus in dieser Welt vor den Augen der anderen Menschen auslebst, sollte es sein, daß du in dem Ruf stehst, fleißig zu arbeiten.

Paulus sagt: *„Denn ihr sollt ein Leben führen, das des Herrn würdig ist und in allem Sein Gefallen findet. Ihr sollt Frucht bringen in jeder Art von guten Werken und wachsen in der Erkenntnis Gottes"* (Kolosser 1,10).

Dein Aussehen

Gott behüte, daß irgend jemand, außer meinem Mann, einmal mitbekommen sollte, wie ich aussehe, wenn ich morgens aufstehe. (Er liebt mich eben sehr.) Manche Frauen sind von Natur aus schön. Unsere Schwiegertochter Jani ist, wenn sie aus dem Schwimmbecken steigt, genauso schön, als wenn sie zu einer Abendveranstaltung ihr Haus verläßt.

Aber ich? Es scheint zum Beispiel so zu sein, als hätte ich keine Augen. Erst wenn ich ganz sanft ein wenig nachhelfe, bekommen sie ihren rechtmäßigen Platz in meinem Gesicht.

Vielleicht lege ich soviel Wert darauf, weil ich dieses Problem ebenfalls habe. Doch mein Rat an alle ist: Als erstes solltest du dich morgens in der Regel ordentlich machen. Ich weiß, daß manche sagen, du solltest zuerst deine stille Zeit der Morgenandacht haben. Doch ich frage mich, ob es richtig ist, morgens vor Gott mit den vielen Lockenwicklern und dem alten Nachtgewand zu erscheinen. Der Allmächtige muß da oft viel Nachsicht mit uns aufbringen.

Wenn ich aufwache, werfe ich einen Blick auf meinen Kalender, der mir sagt, was zu welcher Zeit heute erledigt werden muß, gehe dann unter die Dusche und bringe anschließend mein Gesicht in Ordnung, während ich schon beginne, mit Gott zu reden — dabei werde ich langsam richtig munter. Dann kommt das Haar an die Reihe, und danach die Kleidung. Nun bin ich bereit für das Frühstück, für meine Andachtszeit und für alle Aufgaben des Tages.

Ich frage mich manchmal, ob ich mehr Wert auf die äußere Erscheinung lege als viele andere Leute. Aber vielleicht geht es dir ähnlich? Du magst dich besser fühlen, wenn du ordentlich aussiehst und dein Schlafzimmer ordentlich ist. Deshalb erledigst du beides so schnell wie möglich. Gut, Babys, kleinere Kinder oder manchmal auch überraschende Ereignisse mögen dich ab und zu unterbrechen, so daß du die gewohnte Regel nicht einhalten kannst. Das ist natürlich kein Grund für einen Nervenzusammenbruch, denn es geht auch einmal anders. Doch eine gute Gewohnheit ist: zuerst bringe dich in Ordnung, dann dein Bett — und dann ist es Zeit, Gott zu begegnen und in den Tag zu gehen.

Gott sagt uns in Seinem Wort sehr wenig über die Fürsorge für unseren Körper; deshalb möchte auch ich es nicht übertreiben. Ich glaube, im tiefsten Inneren wünschen wir Frauen uns alle, einmal das tun zu können, was Esther tat. Sie verbrachte ein ganzes Jahr ihres Lebens damit, sich schöner zu machen. Sechs Monate mit verschiedenen Cremen und Ölen, und die anderen sechs Monate mit Parfümen und Kosmetik. Ungeheuer! Doch dies lag für Esthers Leben in Gottes Plan, um den persischen König Ahasveros für sie zu gewinnen, damit sie auf diese Weise ihr Volk, die Juden, retten konnte. Aber Gottes Plan ist es sicherlich auch für uns, daß wir andere zum Guten beeinflussen und durch unser Zeugnis Menschen den Weg zur Erlösung zeigen.

Doch wir sind bei unserem äußeren Aussehen, das aber sehr oft hilft, unser Zeugnis zu unterstreichen. Wie steht es mit unserem Gesicht, den Schultern, den Armen und Händen, und durchaus auch den Beinen? Also den Körperteilen, die am meisten der Sonne ausgesetzt sind. Hilf ihnen mit ein wenig Creme oder Öl. Wie ist es mit unseren Hüften und dem Bauch? Könnten wir ein wenig mehr Bewegung gebrauchen? Vielleicht gar etwas Gymnastik? Wie ist dein Haar beschaffen? Sitzt es ordentlich? Ist es sauber und gesund? Was unternimmst du, um deinen

Körper elastisch zu halten, geschmeidig zu bleiben und einen aufrechten Gang zu haben, um ein gutes Aushängeschild der Fürsorge Gottes für Seine Kinder zu sein?

Psalm 92,15.16 sagt uns:

„Sie tragen Frucht noch im Alter
(es gibt kein geistliches Klimakterium, liebe Freundin),
und bleiben voll Saft und Frische;
(geistig jung, zuverlässig, beweglich, aktiv),
sie verkünden: Gerecht ist der Herr."

Das ist der Grund, warum wir gut aussehen sollen. Wenn man Gottes Kinder mit den Kindern der Finsternis vergleicht, sollte an ihnen zu erkennen sein, wie gut Gott ist. Bei Daniel und seinen Freunden war es so. Er und seine Freunde waren in einem feindlichen, heidnischen Land. Sie sagten: „Laß uns nach den Regeln unseres Gottes für unseren Körper sorgen, und hinterher urteile selbst." Und am Ende der zehntägigen Probezeit sahen sie besser aus als alle anderen (Daniel 1,15). Preis sei Gott!

Als ich einmal in Sprüche 31 die Beschreibung einer „tüchtigen Frau" studierte, wurde mir etwas besonders groß. Ich bemerkte, daß 21 Verse die Freundlichkeit, Frömmigkeit, den Fleiß, die liebevolle Fürsorge usw. beschrieben — aber nur einer von 22 Versen beschäftigte sich mit ihrem Aussehen. Vers 22 sagt: *„Sie hat sich Decken gefertigt, Leinen und Purpur sind ihr Gewand."* Purpur war Stoff für schöne und prächtige Kleidung.

Als mir dieses Verhältnis in Sprüche 31 auffiel — ein Vers von 22 Versen beschreibt ihr Aussehen —, betete ich: „Vater, ich möchte auch nicht mehr als höchstens $1/22$ meiner Zeit darauf verwenden, mich äußerlich schön zu machen, alle andere Zeit meines Lebens will ich gebrauchen, weiser, geistlicher, freundlicher, fleißiger usw. zu werden." Ich will damit nicht sagen, daß diese Regel nun für jede Frau so gelten muß, es war ganz einfach eine Absprache, die ich persönlich mit dem Herrn traf. Ich achte seither darauf, daß ich nie mehr als eine Stunde am Tag für mein Aussehen verwende.

Die meiste dieser Zeit brauche ich gleich morgens zuerst. Ich mache einige gymnastische Übungen, wasche und dusche mich, bringe mein Haar und Gesicht in Ordnung und kleide mich an. Im Laufe des Tages mag es nötig werden, schnell nochmals etwas für mein Haar oder Gesicht zu tun oder mich umzuziehen. Ehe ich zu Bett gehe, mache ich nochmals einige gymnastische Übungen, wasche oder dusche und verwende eine Körpercreme. (Ehe ich meine Haushaltshilfe hatte, habe ich mir höchstens 45 Minuten pro Tag erlaubt und abends keine Übungen gemacht. Dadurch gewann ich Zeit, die Wäsche zu waschen und zu bügeln und auch nötige Dinge zu flicken. Ray hat am Sonnabendabend immer die Schuhe geputzt.)

Zu längeren Bummeltouren durch Geschäfte und Kaufhäuser, um mir alles genau anzusehen, ehe ich einkaufe, bleibt mir gewöhnlich keine Zeit. Doch an diesem Punkt beginnen die Wunder Gottes. (Mit der Zeit, die du Gott gibst, ist es genauso wie mit dem Geld, das du Ihm opferst. Gib Ihm mehr, als du eigentlich könntest, dann wirst du Seine Wunder erleben.)

Ich verbringe nur ganz wenig Zeit in Geschäften. Vor einiger Zeit brauchte ich ganz dringend zwei neue lange Straßenkleider — eines für den Gottesdienstbesuch, und das andere für meine Vorträge, zu denen ich eingeladen wurde. Ich hatte aber nur etwa 20 Minuten Zeit.

„Bitte, Herr, hilf mir", bat ich und machte mich auf den Weg zum Bekleidungsgeschäft. Im Geschäft hingen zwei Kleider auf einem Ständer — meine Größe, meine Machart, meine Farben. Jedes hatte ursprünglich 120 Dollar gekostet. Nachdem der Preis mehrmals herabgesetzt war, kostete jedes noch 45 Dollar. Ich probierte sie schnell an — sie paßten! Ich eilte zur Kasse, zahlte und ging. Die Verkäuferin sah mir staunend nach. Noch heute fühle ich mich in beiden Kleidern wohl und gut angezogen.

Doch es gibt natürlich auch die andere Seite zu dieser Sache. Wir sollten uns wirklich jeden Tag einige Zeit nehmen, um für unser ordentliches Aussehen zu sorgen. Es taugt nichts, wenn du als Christin oft unordentlich herumläufst (Ausnahmen kommen natürlich bei uns allen einmal vor), denn damit machst du deinem Herrn und Erlöser durchaus keine Ehre. Doch von der Zeit, die ich für mein Aussehen verwende, brauche ich meist nur fünf Minuten zum Anziehen. Fragst du, wie das möglich ist? Die Antwort ist ganz einfach: Ich sorge dafür, daß mein Kleiderschrank nie überladen ist. Lieber verschenke ich wieder einmal etwas. Ich bekomme ja auch oft genug Dinge geschenkt. Wenn ich also immer nur im Schrank habe, was nötig ist, fällt mir die Auswahl nicht schwer.

Es gehört zu meiner festen Überzeugung, daß nie zuviel Kleidung in meinem Schrank hängen soll. Gewöhnlich finden sich darin: viermal Straßenkleidung (Kostüm oder Rock und Bluse),
viermal ähnliche Kleidung mit langem Rock
für verschiedene Gelegenheiten,
sechs Alltagshosen,
fünf Alltagskleider,
zwei Freizeitkleider,
drei Hauskleider oder Hausanzüge,
drei Kleider oder Kostüme für besondere Veranstaltungen,
festliche Einladungen usw.

Es mag natürlich sein, daß du völlig andere Kleidung brauchst als ich. Der Inhalt unseres Kleiderschranks sollte von unseren Aufgaben abhängen. Manche brauchen für ihren Beruf eine bestimmte Art von Kleidung mehr als andere. Neben unseren beruflichen Aufgaben gibt es solche in der Gemeinde. Andere wieder benötigen wesentlich weniger Kleidung. Ich kenne ein feines christliches Ehepaar, die in einem Haus am Strand wohnen; in ihrem Kleiderschrank finden sich fast nur Jeanshosen und Jeansanzüge. Sie führen Menschen in ihren Jeans zu Jesus und bringen sie in ihren Jeans zum Gottesdienst. Dein Zeugnis für Jesus und dein Lebensstil bestimmen natürlich auch den Inhalt deines Kleiderschranks.

Im Kleiderschrank sollte Ordnung herrschen. Alles, was da hängt, sollte stets gebrauchsfertig sein, sonst sollte es da nicht hängen. Ist etwas schmutzig, gehört es gewaschen oder gereinigt, aber nicht in den Schrank gehängt. Genauso ist es mit Kleidungsstücken, die repariert oder gebügelt werden müssen. Ist etwas nicht mehr notwendig oder hängt einfach noch so herum, dann gib es weg.

Es gibt so viele bedürftige Menschen in unserer Welt. Auf der ganzen Erde gibt es Frauen, die viel zu wenig besitzen. Und doch haben sie die gleichen fraulichen Neigungen wie wir auch und wünschen sich etwas Hübsches. Ich bin gebückt in eine strohgedeckte Hütte im südamerikanischen Dschungel getreten. An einem Nagel in der Wand, sorgfältig auf einem Bügel hängend, sah ich ein einfaches Baumwollkleid mit buntem Druckmuster. Es war die Freude der kleinen braunen Hausfrau dieser Hütte. Eine Frau, die sie nie sehen wird, hat sich davon getrennt, und durch irgendwelche in der Liebe Jesu getane Missionsarbeit ist es zu ihr gekommen.

Ach, ihr lieben Frauen, es ist einfach nicht recht, unsere Schränke und Schubfächer mit Dingen vollzustopfen, die wir nur ganz selten tragen oder überhaupt nicht benötigen. Räume immer wieder einmal aus. Vielleicht gibst du deiner besten Freundin dein schönstes Kleid, weil es ihr besser steht als dir. Aber höre nicht auf zu geben und zu geben. Beschränke dich auf das, was notwendig ist — in deinem Kleiderschrank wie in deinem gesamten Leben entferne Unnötiges und lebe konzentriert.

Wenn ich ein Kleid oder ein Kostüm kaufe, tue ich das nicht einfach so, weil es mir gerade in den Sinn kommt. Ich überlege, ob es zu dem paßt, was ich dazu tragen will — zu den Schuhen, zur Handtasche usw. Ich mache mir vorher Notizen, damit ich nicht hinterher vor unnütz gekauften Dingen stehe. Ich brauche nie lange zu überlegen: ,,Wird diese Bluse zu dem Rock in meinem Schrank passen?" Das habe ich vorher getan. Ich weiß, was ich brauche und kann deshalb alles schnell erledigen, um mich wieder den wichtigen Dingen des Lebens zuzuwenden.

Hier ist noch ein weiterer Rat: Jede von uns hat eine besondere Hauttönung, dadurch werden für jede Frau bestimmte Farbfamilien gerade für ihren Typ richtig. Vielleicht bist du eine

44

rosafarbene, eine violette, eine mittelgrüne oder eine marinefarbene Frau; oder eine schwarze, weiße, rote, maigrüne oder gelbe Person.

Ich bin ein braunes Mädchen. Meine Bibel ist braun, und auch mein Notizbuch. Alle Schuhe und Handtaschen, die ich besitze und besaß, sind abgestuft von Schokoladenbraun bis zum cremigen Weiß. Wenn ich mir dann ein Kleid kaufe, ob avocadofarben, orange oder türkis oder wie auch immer, muß es in der Abstufung immer zu den Brauntönen passen. Auch Reisen wird auf diesen Weise viel leichter, da man mit viel weniger Sachen auskommt, wenn alles irgendwie zueinander paßt.

Hier noch ein kleiner Extratip — ein schneller und einfacher: Jeden Abend kippe den Inhalt deiner Handtasche auf dein Bett und wirf alles fort, was sich im Laufe des Tages angesammelt hat und nicht mehr benötigt wird. Lege nur in die Tasche zurück, was du brauchst.

Du hast sicher bemerkt, daß ich die Wörter „beseitige" und „konzentriere" gebrauche. Ich meine, beides ist sehr wichtig, um ein erfülltes, geordnetes und gutes Leben zu führen.

Möchtest du mit deiner Zeit besser zurechtkommen? Dann beseitige alle Unordnung und konzentriere dich auf deine Aufgaben und Ziele. Möchtest du anderen Menschen zu geistlichem Wachstum verhelfen? Dann wende dich von den Massen ab und konzentriere dich auf die Menschen, um die es dir geht. Möchtest du deinen Kleiderschrank so in Ordnung halten, daß auch Jesus jederzeit hineinschauen kann? Dann wirf alles Unnötige hinaus, und konzentriere dich auf einige gute, dir stehende Kleidungsstücke in einer zu dir passenden bestimmten Farbabstufung.

Mein Ziel ist es, in kürzestmöglicher Zeit ordentlich und passend auszusehen; mit dem geringstmöglichen Geldaufwand einen Eindruck von Qualität zu hinterlassen; für $1/22$ meiner Zeit eine Frau zu sein, deren Gewand „Leinen und Purpur" ist, und die anderen $21/22$ meiner Zeit und Konzentration eine tüchtige Frau zu sein, wie die Bibel sie in Sprüche 31 beschreibt:

„Das Herz ihres Mannes vertraut auf sie,...
Kraft und Würde sind ihr Gewand,
sie spottet der drohenden Zukunft.
Öffnet sie ihren Mund, dann redet sie klug,
und gütige Lehre ist auf ihrer Zunge.
Sie achtet auf das, was vorgeht im Haus,
und ißt nicht träge ihr Brot...
Trügerisch ist Anmut, vergänglich die Schönheit,
nur eine gottesfürchtige Frau verdient Lob."

Manchmal, ehe ich vor Gruppen spreche, bete ich: „Hilf mir, Herr, daß mein Leben einundzwanzigmal deutlicher zu diesen Frauen reden kann als mein Aussehen. Laß die Proportionen in meinem Leben so verteilt sein wie bei der Frau in Sprüche 31."

Ich habe auch schon beim Schreiben dieses Buches gebetet: „Vater, wenn es Dir nichts ausmacht, dann laß dieses Kapitel über das Aussehen nur $1/22$ der Länge dieses Buches betragen."

5. Kapitel

Unsere Ziele

„Ich habe einen Traum", sagte Martin Luther King. Jede von uns sollte Träume haben, um etwas zu erreichen. Mein augenblicklicher Traum ist es, dieses Buch zu Ende zu schreiben und damit allen Frauen der westlichen Welt einen kräftigen Stoß zu versetzen. Was ist dein Traum?

Ein Traum ist eine wichtige und packende Sache, die uns Tag für Tag vorwärts treibt; ein Ziel, das wir vor uns sehen, und wodurch wir in der richtigen Richtung gehalten werden und weder rechts noch links abweichen; eine Sache nur für dich allein, doch anspornend genug, um dir für lange Zeit immer neue Impulse zu geben.

Jede Frau hat irgendwelche verschwommenen Ziele, die immer wieder ihre Entscheidungen mitbestimmen. Von daher wird sie beeinflußt, ob sie heiratet oder nicht; ob sie sich eine Arbeit sucht oder nicht; ob sie schlampig ist, elegant, ordentlich, zu dick, eifrig, intellektuell, sexy, übervorsichtig, tief geistig und geistlich interessiert, voller Furcht oder was sonst auch immer. Irgendwie werden wir innerlich davon beeinflußt.

Ich will es noch anders erklären: Letztes Jahr im November machten wir eine Kreuzfahrt durch das Mittelmeer. Wir waren 160 Passagiere auf einem gemieteten Schiff. Jeden Morgen wachten wir alle auf, hatten alle 160 unsere Mahlzeiten und während des Tages frohe Gemeinschaft miteinander, abends gingen wir alle zu Bett, um am nächsten Morgen wieder zu erwachen. Alles schien wieder zu sein wie am Tag vorher. Unsere Schuhe standen am selben Platz im Schrank, so war es auch mit unserer Kleidung; wir sahen auch noch genauso aus wie am Tag zuvor. Und doch war es nicht mehr genauso. Alle 160 waren jeden Morgen an einem neuen Ort, an einem ganz anderen Platz im Mittelmeer als in den Tagen vorher.

So ist es auch mit unserem Leben. Wir gehen durch die verschiedenen Begebenheiten das Tages, legen uns abends zu Bett und wachen am nächsten Morgen wieder auf und mögen dabei meinen, wir befänden uns immer noch an derselben Stelle. Doch das stimmt nicht. Wir werden niemals wieder dort sein, wo wir gestern waren, sondern sind in ein ganz neues Gebiet vorgedrungen.

Während unserer Mittelmeerreise folgten wir einer Route, die der Kapitän lange vorher geplant hatte. Er wußte, wo das Ziel eines jeden Reisetages war, und wie wir dorthin gelangen würden. Er wußte, welche Lebensmittel er für jede Wegstrecke an Bord nehmen mußte, weil er vorausgeplant hatte, um nicht in Schwierigkeiten zu geraten.

Doch während der Reise hatte er trotzdem noch mit allerlei Widerwärtigkeiten zu kämpfen. Mit starken Winden und Meeresströmungen, die uns vom Kurs abbringen wollten, und anderem. Er mußte deshalb fortwährend den Standort bestimmen, das Ziel neu anpeilen und gegebenenfalls den Kurs neu ausrichten, sonst wären wir nicht am richtigen Ort angekommen.

Genauso ist es auch mit den Plänen in unserem Leben. Unter dem wunderbaren Schirm: „Wenn Gott es will", müssen wir immer wieder entscheiden, wohin Er wohl möchte, daß wir gehen. Wir müssen überlegen, welche Ausrüstung für jeden Abschnitt unserer Reise notwendig ist, und müssen uns diese beschaffen. Dann ist es notwendig, jeden Tag neu „nein", „nein", „nein" zu sagen zu allem, was uns von der richtigen Bahn abbringen will, nötigenfalls den Kurs wieder zu berichtigen und auf dem Weg vorwärtszugehen, damit wir auch sicher das Ziel erreichen.

Jesus hatte ein großes Lebensziel, nämlich *„zu suchen und zu retten, was verloren ist"* (Lukas 19,10). Das beeinflußte stets Seine Entscheidungen und ließ Ihn so voller Eifer sein. Einmal sagte Er sogar: *„Doch heute und morgen und am folgenden Tag muß Ich weiterwandern; denn ein Prophet darf nirgendwo anders als in Jerusalem umkommen."* (Lukas 13,33).

Auch der Apostel Paulus hatte ständig sein Ziel vor Augen. Er schrieb: *„Darum laufe ich nicht wie einer, der ziellos läuft..."* (1. Korinther 9,26).

Gleiches hat wohl Salomo gemeint, wenn er schreibt:
„Deine Augen sollen geradeaus schauen,
und deine Blicke richte nach vorn.
Ebne die Straße für deinen Fuß,
deine Wege seien geordnet.
Bieg nicht ab, weder rechts noch links,
halt deinen Fuß vom Bösen zurück!" (Sprüche 4,25-27).

An anderer Stelle schreibt er: *„Die Pläne des Fleißigen bringen Gewinn"* (Sprüche 21,5).

Der erste Teil meines persönlichen Notizbuchs ist mein „Ziele-Abschnitt". Ich habe entdeckt, daß meine Lebensziele mehr tun, als mir immer wieder die rechte Richtung zu weisen, sie prägen meine Persönlichkeit. Wenn du dir Ziele setzt, entdeckst du, wie verschieden du von anderen Menschen bist, und du findest heraus, wer du selbst wirklich bist.

Es fällt mir nicht leicht, dich in den „Ziele-Abschnitt" meines Notizbuches blicken zu lassen. Als ich sie vor etwa sechs Jahren niederschrieb, war ich fest davon überzeugt, daß sie allein Gott und mich etwas angingen — und dies sollte immer so bleiben.

Doch ungefähr so mußte ich mich mit mir selbst auseinandersetzen: Ich las in der Bibel, daß der Apostel Paulus bereit war, ein offener Brief zu sein, der von allen Menschen gelesen wurde (2. Korinther 3,2). Außerdem ermahnt er die Korinther: *„Nehmt mich zum Vorbild, wie ich Christus zum Vorbild nehme"* (1. Korinther 11,1). „Aber, Herr", sagte ich, „ich bin nicht der Apostel Paulus."

Ich kämpfte mit mir. Die eine Hälfte sagte: Das Wort muß auch in uns immer wieder Fleisch werden — es muß ausgelebt werden im Leben der Menschen —, wenn es immer wieder neu lebendig werden soll. Die andere Hälfte von mir zitterte bei der Überlegung, meine innersten Gedanken und Gefühle der Öffentlichkeit preiszugeben, wo sie untersucht, kritisiert und vielleicht auch mißverstanden werden. Hilf mir, o Heiliger Geist Gottes; Dein sei das Reich, die Kraft und die Herrlichkeit.

Nun gut, ich werde dir von meinen Zielen erzählen. Über die „Lebensziel"-Seite meines Notizbuchs habe ich geschrieben: „Iguassu-Fälle" und „Jeremia 29,11". Irgendwie gehört das in meinen Überlegungen zusammen.

Jeremia 29,11 sagt: *„Denn Ich, Ich kenne Meine Pläne, die Ich für euch habe, spricht der Herr: Pläne des Heils und nicht des Unheils; denn Ich will euch eine Zukunft und eine Hoffnung geben."*

Die Iguassu-Fälle sind eine ganze Anzahl riesiger Wasserfälle an der Grenze von Brasilien, Paraguay und Argentinien. Dorthin fuhren wir zu viert im letzten August für eine Zeit der Erholung, nachdem wir als Team in Bolivien einen schweren Dienst getan hatten. Diese Wasserfälle sind unbeschreiblich großartig. Fast eine Stunde gingen wir an ihnen entlang. Am Ende des Weges trafen wir auf das Unvermeidliche — einen Andenkenkiosk mit großen Glasfenstern, und sehr nahe an den tosenden majestätischen Fällen gelegen. Doch die Fenster waren so unbeschreiblich schmutzig, daß die Verkäuferin, die im Kiosk saß, nichts von den Schönheiten draußen sehen konnte, sondern nur den Plunder, den sie verkaufte.

„Herr", betete ich, „hilf mir, daß ich mein Leben nicht so verbringe. Reinige meine Fenster, und gib mir einen weitreichenden Blick auf Deine Herrlichkeit."

„Ich kenne die Pläne, die Ich mit dir habe", antwortete Er mir. „Pläne des Heils und nicht des Unheils. Ich will dir eine Zukunft und eine Hoffnung geben."

Unter die Überschrift auf meiner „Ziele-Seite" habe ich dann geschrieben: „Lebenszwecke" und „Lebensziele". Sie sind es, was ich zu tun hoffe und zu sein hoffe, wenn ich einmal sterbe. Die meisten Ziele kann man genau nachprüfen. Warum sollten wir so verschwommene Träume haben wie: „Ich möchte ein guter Christ sein"? Doch die „Lebenszwecke" mögen vielleicht nicht so genau nachprüfbar sein. Ich habe da geschrieben:

Zu sehen, daß ich innerlich immer mehr abnehme und Gott zunimmt, indem meine schlechten Charaktereigenschaften mit Christus gekreuzigt werden und dadurch mein Geist sanftmütig und ruhig wird, und somit zu einem Altar der Anbetung, an dem Gott Freude haben kann.

Je länger ich lebe, um so mehr erkenne ich, daß alles, worauf es im Leben ankommt, Gott selbst ist und meine Mitmenschen, und die Aufgabe, Gott mit meinen Mitmenschen in Verbindung zu bringen. Ich bin bereit, eine Menge Dinge aufzugeben, um dieser wichtigen Aufgabe willen. Geht es dir ebenso? Mir fiel ein ermutigender und trostreicher Vers ein, nachdem ich diese Lebenszwecke niedergeschrieben hatte und darüber betete: *„Der Herr nimmt sich meiner an. Herr, Deine Huld währt ewig. Laß nicht ab vom Werk Deiner Hände"* (Psalm 138,8). Er wird nicht ablassen, ganz gewiß nicht, denn du und ich, wir sind angewiesen auf Seine Huld und Gnade.

Nachdem ich meine „Lebenszwecke" (was ich zu sein hoffe) zu Papier gebracht hatte, schrieb ich auch meine „Lebensziele" (was ich zu tun hoffe) nieder. Ich weiß, daß Worte nicht ganz klarmachen können, worauf es mir dabei ankommt. Doch versuche mich zu verstehen, und verzeihe, wenn es mir nicht besser gelingt.

Es gibt für mich sechs dieser Lebensziele. Und seit ich sie vor mehreren Jahren niederschrieb, habe ich bis heute nichts daran ändern müssen:

1. Gott noch mehr Ehre zu machen als bisher, indem ich auf den einzelnen Gebieten meines Lebens so handle und lebe, daß ich Ihm noch mehr gefalle.

2. Meinem Mann Ray als seine Frau Ehre zu machen, und durch mein Handeln seinen guten Ruf zu mehren, damit er

stolz auf mich sein kann. Außerdem möchte ich ihn persönlich zufriedenstellen.

3. Zu sehen, daß unsere vier Kinder Christus gefunden haben und ein fruchtbares geistliches Leben führen. (Bei den drei älteren ist das Ziel erreicht, und der elf Jahre alte Nels ist auf gutem Wege dahin.)
4. Drei Bücher zu schreiben, die alle eine Hilfe für die Gemeinde, den Leib Christi, sein sollen und die auch uns helfen, einmal in Pension zu gehen, ohne daß wir dann jeden Pfennig umdrehen müssen. (Oh, oh — ich fürchte, du lernst mich ziemlich gut kennen. Übrigens — dieses hier ist Buch Nummer drei.)
5. Fünf wirklich erfolgreiche Lieder zu schreiben, die überall in den Gemeinden zum Segen werden. (Ich glaube, das ist mir erst mit einem gelungen; fehlen also noch vier. Nur „Macedonia" wird weltweit gesungen und ist in den meisten größeren Liederbüchern zu finden.)
6. Gemeinsam mit Ray Gott zu dienen, bis wir mindestens 85 Jahre alt sind; und ich möchte Apostelgeschichte 1,8 in überreichem Maße in unserem Leben erfüllt sehen.

Ich beeile mich, hier Jeremia 10,23.24 anzufügen: *„Ich weiß, Herr, daß der Mensch seinen Weg nicht zu bestimmen vermag, daß keiner beim Gehen seine Schritte lenken kann. Herr, züchtige mich, doch mit rechtem Maß, nicht in Deinem Zorn, sonst machst Du mich allzu elend."* Ich weiß, daß ich nicht einen einzigen Tag verdiene, möchte aber sagen, ich möchte sein wie die Frau in Sprüche 31, die „der drohenden Zukunft spottet". Viele alte Frauen werden so oft herumgestoßen, daß ich hier gern helfen und ein gutes Beispiel sein würde; nämlich eine alte Frau mit Gottes Herrlichkeit in ihrem Leben, die dazu beiträgt, das Ansehen der alten Frauen zu verbessern.

Und wie gern würde ich dabei Ray an meiner Seite haben. Ein altes Ehepaar, das den Herrn sehr liebt und sich gegenseitig auch. Warum eigentlich nicht? Doch ich will dabei zum Herrn aufschauen und sagen: „Nur dann, wenn es auch Deinem Willen entspricht, o Herr ..."

Apostelgeschichte 1,8 habe ich in mein letztes Ziel einge-schlossen. Es ist eine Verheißung, die Gott meinem Mann Ray vor Jahren gegeben hat — und zwar eine atemberaubende: *„Aber ihr werdet die Kraft des Heiligen Geistes empfangen, der auf euch herabkommen wird; und ihr werdet Meine Zeugen sein . . . bis an die Grenzen der Erde."*

Ray war ein junger blonder Prediger, als er diese Verheißung empfing. Damals war sein Dienst noch nicht sehr weitreichend, aber sein Herz gehörte völlig Gott. Der Herr hat seither diese Verheißung in Rays Leben wunderbar erfüllt. Neben diesen Ge-danken habe ich in mein Notizbuch Psalm 67,2.3 geschrieben: *„Gott sei uns gnädig und segne uns. Er lasse über uns Sein An-gesicht leuchten, damit auf Erden Sein Weg erkannt wird und unter allen Völkern Sein Heil."*

Tue es weiterhin, o Herr! Führe Ray zu schmutzigen Orten, zu sehr heißen und zu kalten Orten, an Plätze voll satanischer Macht und entmutigten Menschen. Gebrauche Ray — und auch mich, wenn Du willst —, daß überall noch Dein Weg bekannt wird.

Was sind deine Träume und Ziele, liebe Freundin? Bist du zu Konferenzen gewesen oder zu Freizeiten oder gab es andere be-sondere Gelegenheiten, da du Träume hattest und Visionen sahst? Was hat Gott in den Augenblicken der höchsten Segnun-gen zu dir gesagt? Nimm dir einen Tag Zeit für Ihn. Laß dir neu groß werden, was Er dir aufs Herz legte, und vielleicht will Er dir noch neue lohnende Ziele dazu zeigen! Dann sei mutig, fasse sie fest ins Auge und lasse sie wachsen — und das alles zur Ehre Gottes. Amen!

Auf Seite 2 meiner „Ziele"-Abteilung stehen die derzeitigen Jahres-Ziele. Auch du solltes solche Ziele haben. Bist du noch jung und glaubst, du hast noch weitere 50 Jahre vor dir, könntest du sonst 49 davon einfach leichtfertig vertändeln, weil du meinst, du könntest dann immer noch alles erreichen, was dir am Herzen liegt.

Doch nur Gott weiß, wieviel Zeit uns noch bleibt — und Er sagt es nicht. Doch das nächste Jahr ist ein Stück deines Lebens, und wenn du in dieser Zeit ein Stück deiner Lebensziele in Erfüllung gehen siehst, könntest du beginnen zu sagen: Ich glaube, ich werde es mit des Herrn Hilfe schaffen. Mit Seiner Hilfe kann ich einer der Sieger sein! Der Psalmist sagt: *„Unsere Jahre zu zählen lehre uns! Dann gewinnen wir ein weises Herz"* (Psalm 90,12).

Meine Jahresziele erwachsen natürlich aus meinen Lebenszielen und sind wiederum aufgeteilt nach den drei Prioritäten. (Siehe Kapitel 2.) Seit den vergangenen sechs Jahren, als ich meine Lebensziele niederschrieb, habe ich gelernt, daß es mir sehr hilft, auch meine Jahresziele und die anderen Dinge des Lebens nach diesen drei Prioritäten zu ordnen und das rechte Verhältnis zu Gott, zu meinen Brüdern und Schwestern in Christus und zur bedürftigen Welt um mich herum zu finden.

Über die Ziele für dieses Jahr habe ich zwei Bibelverse geschrieben: *„Er führt mich auf rechter Straße um Seines Namens willen"* (Psalm 23,3); und *„Wer ist der Mann, der Gott fürchtet? Ihm zeigt Er den Weg, den er wählen soll"* (Psalm 25,12). Nun folgen die diesjährigen Ziele.

Unter Priorität Eins

1. Jede ruhige Minute zum Gebet zu nutzen — für Anbetung, Bekennen, Danken und Fürbitte.
2. Wirklich eine Frau des Gebets zu werden. Ich will mich nicht aufregen, sondern beten, und jede Situation in eine Gelegenheit verwandeln, in der ich mit Gott reden kann. (Dies ist ein Ziel, das ich für mich recht gut kontrollieren kann. Wenn ich z.B. bügle oder andere Hausarbeiten mache und für mich allein bin, kann ich großartige Reden halten und damit meinen Mann überzeugen oder den Gemeindevorstand. Auch in schlaflosen Stunden gelingt mir das. Aber es sind Reden, die nie jemand hört. Ich komme mir

dabei so überzeugend vor. Jedes Wort trifft genau den Punkt. Doch hinterher bin ich so frustriert. „Nicht aufregen, sondern beten", ist etwas, das ich mir für dieses Jahr fest vorgenommen habe. Ich will all meine Probleme auf den Herrn werfen.)

3. Eine neue Bibelübersetzung durchlesen (die *New American Standard Bible* — das Ziel scheint erreichbar; heute, 5.Juli, bin ich bei Sprüche).

4. Mein Gebetsleben zu verstärken, indem ich:
   a) über meine Ziele mindestens dreimal wöchentlich bete;
   b) für die Glieder jeder unserer kleinen Gruppen (siehe Kapitel 9) wöchentlich mindestens dreimal bete. (Das erste Jahr, in dem ich mir Jahresziele setzte, erlebte ich, daß nicht viele davon in Erfüllung gingen. Dann wurde mir klar, daß es noch nicht viel hilft, wenn ich Ziele auf ein Stück Papier schreibe. Erst als ich mit ihnen immer wieder im Gebet zu Gott kam, erlebte ich, daß sie mir eine große Hilfe für mein Leben, meine Planungen und mein Handeln wurden.

Unter Priorität Zwei

1. Ray auf jede mögliche Weise zu unterstützen und zufriedenzustellen. (Eine gute Ehe muß beständig erneuert und durch Gebet aufgebaut werden, auch dann, wenn man sich so sehr liebt wie wir beide.)

2. Täglich mit Nels beten und die Bibel lesen. (Hier mangelt es noch. Ich habe mir in letzter Zeit aufgeschrieben, wann wir solche Gelegenheiten hatten. Seit Anfang Juni waren es der 8., 13., 14., 17., 18., 21., 24., 27., und der 3. Juli. Herr, hilf mir!)

3. Wirklich eine liebende und betende Schwester in Christus zu sein für Beulah, Betty, Doris, Peg, Fran, Joan, die augenblicklichen Glieder unserer kleinen Gebetsgruppe — und auch zu vielen anderen.

1. (Dies ist besonders wichtig; jede Frau sollte ein ähnliches Ziel haben.) Sechs Menschen zu Christus zu führen; vier zu überzeugen, regelmäßig die Gottesdienste zu besuchen; vier in eine unserer Gebetsgruppen zu führen; vier zur Gemeindemitgliedschaft zu führen. (Ich bin überzeugt davon, daß ich den Menschen damit nur etwas Gutes tue. Und wenn ich schon versuche, Menschen für Gott zu erreichen, warum sollte dies nicht gleich richtig und gründlich geschehen?)
2. Zwei Bücher, an denen ich arbeite, zu beenden. „Die beste Hälfte des Lebens" ist mittlerweile fertig. Und ... dieses Buch hier hat noch keinen Titel — da bin ich noch dabei.

Sicherlich werden deine Ziele ganz anders aussehen — doch sie sind genau so wunderbar. Gott macht nicht zwei Blumen oder zwei Schneeflocken gleich, und ebensowenig zwei Frauen.

Doch es mag vielleicht nötig sein, deine Jahresziele noch zu unterteilen in Vierteljahre, Monate oder manchmal gar Wochen? Wenn Ray und ich uns monatlich zu unserem stillen Tag zurückziehen, überdenken wir, wie es mit unseren Jahreszielen steht und was im Blick darauf im nächsten Monat geschehen sollte. Ich kenne einige Leute, die sich regelmäßig wöchentliche Ziele setzen. Ich möchte andererseits natürlich keine bloße Theoretikerin werden, die ihre Zeit nur mit Planen zubringt und darüber keine Zeit findet, die Pläne in die Tat umzusetzen. Doch wenn du den Eindruck hast, daß jeder Tag immer wieder überraschend kommt und ungeplant und ungeordnet vergeht, ohne daß du dafür gebetet und geplant hast, dann nimm dir Zeit, dich einmal an deine Ziele zu erinnern und sie neu fest ins Auge zu fassen. Dann wirst du deine Tage besser beherrschen können, statt von ihnen beherrscht zu werden.

Wir werden uns über die täglichen Aufgaben im nächsten Kapitel noch unterhalten. Doch wenn man ein Ziel hat, wird jeder Tag, ja sogar jede Stunde, wichtiger und interessanter. Täglich wiederkehrende Dinge werden beseitigt oder auf die Ziele ausgerichtet oder werden im Blick auf unser gesamtes Leben besonders wichtig. Preis sei Gott, wie sehr kann das Leben doch zur Freude werden!

Am Tag, bevor er starb, schrieb Alexander Whyte folgende Worte: „Ein Leben, das im Dienst für Gott und in der Gemeinschaft mit Ihm gelebt wird, ist das gemütlichste und schönste, das irgend jemand in dieser Welt haben kann."

6. Kapitel

Dein täglicher Zeitplan

Eines Morgens erschien unser Freund Jack La Lanne voller Aktivität auf dem Fernsehschirm, deutete mit dem Finger auf mich und sagte: „Du hast jeden Tag 24 Stunden, um damit zu tun, was immer du möchtest. Du selbst bist die Summe dessen, wie du diese Stunden genutzt hast."

Als ich ihm kurze Zeit später begegnete, sagte ich zu ihm: „Was du neulich morgens sagtest, Jack, ist wahr, du selbst bist der sichtbare Beweis für das, was du mit deiner Zeit anstellst. Ich möchte mit meinem Leben ein ebensolcher Beweis sein."

Liebe Mitmenschen in dieser Welt, unsere Minuten, Stunden und Tage sind so kostbar! Doch wir werden viele davon vergeuden, wenn wir uns nicht vorher Ziele setzen und Pläne machen.

„Die meisten Menschen denken nicht in Minuten", sagt Alan Lakein, Präsident eines amerikanischen Unternehmens, das sich sehr viel mit dem Problem der richtigen Ausnutzung der Zeit beschäftigt. „Deshalb vergeuden sie viele Minuten. Aber sie denken dann auch nicht im Blick auf ihr gesamtes Leben. Gewöhnlich beschäftigen sie sich bei ihren Zeitbegriffen mit einem Mittelwert von Stunden und Tagen. Deshalb beginnen sie jede Woche wieder von vorn und verbringen ein weiteres Stück ihres Lebens, ohne es mit ihren Lebenszielen in Verbindung zu bringen. Sie sind auf einer Zufallsreise durch ihr Le-

59

ben, sind fortwährend in Bewegung, kommen aber nie ans Ziel.

In einer bekannten Zeitschrift in Los Angeles erschien ein Artikel mit der Überschrift: „Tips für den Umgang mit Ihren Minuten." Der größte Teil des Artikels bestand aus Interviews mit bekannten Leuten über die Frage, wie sie ihre Zeit einteilten.

Direktor Fred Harris aus New York sagte, es sei ihm sehr wichtig, so nahe wie möglich zu seinem Arbeitsplatz zu leben. Er braucht zehn Minuten zu Fuß. (Als Ray eine neue Sekretärin einstellte, Lorrayne, wechselte sie ihre Wohnung. Sie hatte bis dahin nur fünf Minuten von ihrer bisherigen Arbeitsstelle entfernt gewohnt. Von ihrer neuen Wohnung hatte sie wieder nur fünf Minuten zu unserem Gemeindezentrum, in dem auch ihr Büro sich befindet. Ihr früherer und jetziger Arbeitsplatz liegen nur 30 Minuten auseinander. Viele Frauen hätten sich wohl die Mühe des Umzugs nicht gemacht. Doch Lorrayne spart jetzt über Jahre hinaus jeden Tag fast eine Stunde an Zeit.)

Laurie Woodruff tut oft mehrere Dinge gleichzeitig. Er liest einen Artikel und trocknet sein Haar, während er seine Mahlzeit einnimmt. (Ich mache es oft ähnlich.) Barbara Walters erklärt: „Wie die meisten fleißigen Menschen, tue ich oft drei Dinge zur gleichen Zeit." Dann fügt sie den raffinierten Satz hinzu: „Frauen müssen ihre Zeit noch besser einteilen als Männer, weil sie keine Ehefrau haben."

Bei all dem geht es ja nicht darum, daß sich jemand unter Zeitdruck gesetzt fühlt, obwohl Menschen, die nicht unter Gottes Willen leben, manchmal so empfinden mögen. Es geht vielmehr darum, daß wir die Notwendigkeiten des Lebens so effektiv wie möglich zu erledigen lernen, damit wir dadurch um so mehr Zeit gewinnen für die Dinge, die wir wirklich gern tun möchten — Zeit um Gott mehr zu suchen, um unsere Gaben besser einzusetzen und andere Menschen zu Jesus zu führen.

Auf welche Weise willst du nun deine Zeit besser einteilen und kontrollieren? Es sollte dir vielleicht gar nicht schwerfallen, damit zu beginnen, daß du eine Liste deiner schlechten Gewohnheiten aufstellst, mit denen du stets zuviel Zeit verschwendest.

Da ist auch der gute Rat, ein Papier nie zweimal in die Hand zu nehmen, weil man damit sehr viel Zeit vergeuden kann. Zeichne beim Lesen deiner Post mit einem roten Stift die wichtigen Stellen an. Wenn du dann antwortest, brauchst du nur darauf wieder einzugehen. Natürlich ist es noch besser, wenn du die Angelegenheit gleich erledigst und dann endgültig beiseite legen kannst. Aber nicht immer wird das möglich sein.

Lies die Tageszeitung so wie die Seite eines Geschichtsbuches. Beachte alles, was wichtig ist für die geschichtliche Entwicklung unserer Welt, unseres Landes und auch die wichtigen Dinge im lokalen Teil, alles andere überfliege einfach.

Halte zwei Dinge fortwährend auf dem neuesten Stand: einen Kalender und ein Notizbuch. Der Kalender liegt auf dem Schreibtisch oder auf einem anderen wichtigen Platz, das Notizbuch ist so klein, daß du es immer bei dir haben kannst. In den Kalender oder ins Notizbuch schreibst du dir immer sofort alle deine Termine, die du vereinbarst. Sie werden dann schnellstens auch in das andere Buch übertragen. Solltest du es in deinem Leben so machen wie ich, dann teilst du deine Zeit nach deinem Notizbuch ein. In meinem stehen nicht nur meine Verabredungen, sondern auch die Zeiten, die ich für mich allein haben möchte oder die ich mit Menschen zubringen will, die ich gern habe. Auf diese Weise richte ich meine Zeit nach meinen Lebenszielen aus, in die dann die jährlichen und täglichen Ziele hineinpassen, und es wird dabei nichts übersehen.

Die „Zu-tun-Seite" meines Notizbuches ist die wichtigste. In der Zeit, ehe ich mir ein Notizbuch anlegte, schrieb ich Dinge, die ich zu tun hatte, immer auf Zettel, so wie man einen Einkaufszettel schreibt. Doch dann habe ich die Zettel häufig verlegt. Oder ich nahm mir vor, an etwas, was ich am nächsten Tag, die nächste Woche, im nächsten Monat zu tun hatte, unbedingt zu denken. Wie oft habe ich's vergessen!

Doch nun schreibe ich alles in mein Notizbuch, das ich immer bei mir trage. Fällt mir irgendwo ein: „O — ich darf dies oder jenes nicht vergessen!", nehme ich das Notizbuch zur Hand und trage es sofort ein, und zwar unter dem Tag, an dem es erledigt werden soll. Dann brauche ich mich nicht zu bemühen, bis zu diesem Zeitpunkt immer wieder daran zu denken.

Die wichtigsten Dinge für den betreffenden Tag werden im Notizbuch besonders gekennzeichnet. Die erledige ich zuerst. Was getan ist, wird durchgestrichen. Bleibt am Ende des Tages noch etwas unerledigt, wird es auf einen anderen Tag übertragen, wo es unbedingt getan werden muß. Die erledigte Seite wird durchgestrichen oder weggeworfen.

Auf die Kalenderseiten kommt alles — auch Törichtes, sich immer Wiederholendes und Ausgefallenes. Da steht zum Beispiel: „Halte nach einem neuen Staubsauger Ausschau"; oder: „Bezahle die und die Rechnung"; oder: „Nels erinnern, er muß Hamsterkäfig säubern"; oder: „19 Uhr kommen die Gemeindeältesten zum Abendbrot." In einer unserer Gebetsgruppenversammlungen nahmen wir uns vor, alle bis zu einem bestimmten Termin für Georg zu beten. Also stand für die nächsten sechs Wochen als eines der ersten Dinge auf meinem täglichen Kalenderblatt: „Für Georg beten!"

Im letzten Winter fuhr ich einmal mit dem Auto durch Pasadena, als ich durch ein Schild plötzlich erinnert wurde: „Wann haben wir unser Haus das letzte Mal auf Termitenbefall überprüfen lassen?" Bei der nächsten Verkehrsampel, an der ich halten mußte, machte ich schnell eine Notiz in mein Buch unter einem der nächsten Tage. Als ich dann diese Seite aufschlug, wurde ich daran erinnert und rief die Firma an. Dort sagte man mir, es sei höchste Zeit, wieder etwas gegen die Termiten zu tun, da es mittlerweile schon fünf Jahre her sei.

Ich finde es großartig, die Termine und die Zeit auf diese Weise immer unter Kontrolle zu haben und möchte hier einige der Vorteile aufzählen: Erstens muß ich mich nicht immer unter Druck setzen, mich unbedingt an diese oder jene Dinge zu erinnern. (Ray sagt, mein Tagesablauf sei jetzt viel geordneter. Mein Noitzbuch bewirkt das, nicht ich.)

Zweitens: Die Zeit meiner Wochen und Monate ist gleichmäßiger verteilt. Mein Notizbuch gibt mir einen großen Überblick. So kann ich erkennen, zu welchem Zeitpunkt ich eine neue Sache noch einfügen und erledigen kann und wenn es absolut nicht geht. Auch Vorausplanung fällt mir so viel leichter. Zum Beispiel habe ich in einen Tag Anfang November geschrieben: „Weihnachtskarten besorgen." Es war die richtige Zeit, und ich hatte noch genügend Auswahl und brauchte nichts zu überstürzen.

Im letzten Jahr hatte ich für einen Tag in der ersten Dezemberwoche vermerkt: „Weihnachtseinkäufe machen." Irgendwann im November tauchte die Frage auf, ob ich an diesem Tag für ein gemütliches Beisammensein Zeit hätte. Ich befragte mein Notizbuch, sah den Weihnachtseinkauf-Eintrag und lehnte für diesen Tag ab. So kann ich meine Termine ordnen und immer genügend Zeit dafür einräumen.

Drittens: Ich kann mit einem Blick sehen, ob ich mein Leben mit wirklich wichtigen Dingen ausfülle. Blättere ich durch mein Notizbuch und finde die meisten Seiten leer oder nur mit Oberflächlichkeiten angefüllt, sehe ich, daß ich keine gute Verwalterin der kostbaren Zeit bin, die Gott mir anvertraut hat, oder daß ich meine Gaben und Möglichkeiten nicht in der rechten Weise nutze. Ich kann dann Gott aufsuchen und mich von Ihm korrigieren lassen.

Viertens: (Dies war ganz bestimmt mein Hauptproblem.) Mein Notizbuch hindert mich daran, meine Zeit zu vertrödeln, woraus dann immer wieder Probleme entstehen. Zuerst würde ich immer bummeln, und stünde dann am Ende, der vielen unerledigten Angelegenheiten wegen, stets unter Zeitdruck.

Fünftens: Mein Notizbuch hilft mir, die wichtigsten Dinge zuerst zu erledigen. Ach, liebe Mitschwester, das Leben ist so kostbar und so kurz. Vielleicht bin ich schon nicht mehr auf dieser Erde, wenn du dieses Buch liest. Niemand weiß, wann seine Stunde gekommen ist. Deshalb drängt es mich so, das Buch zu Ende zu schreiben, damit viele Tausende, vielleicht Millionen von Frauen, dadurch einige Hinweise bekommen können, wie sie ihr Leben besser gebrauchen und zu Gottes Ehre benutzen, solange für sie noch Zeit ist.

Vielleicht sagst du jetzt, daß du eben keinen so guten Start in das Leben hattest wie andere. Dann solltest du wenigstens mit Gottes Hilfe alles tun, was du kannst, damit das Ende gut wird; das ist dann viel besser, als wenn der Anfang gut gewesen wäre und das Ende nichts taugt.

Ganz aufrichtig sage ich: Gott kann mich jeden Augenblick hinwegnehmen. Doch ich bete darum, daß dieses Buch für dich ein guter Freund wird, der dich zu Gott führt und dich ermutigt, ein erfülltes Leben zu führen, in dem du die wichtigsten Dinge immer an die erste Stelle setzt. Du solltest gerade jetzt damit beginnen. Hier sind eine Reihe von Dingen, die du tun kannst, wenn du versucht bist, deine Zeit sinnlos zu vertrödeln oder nur törichte und oberflächliche Fernsehsendungen anzuschauen:

1. Lies die Bibel und lerne Bibelstellen auswendig.
2. Übe auf deinem Musikinstrument, wenn du eines spielst.
3. Überdenke deine kommenden Termine und triff Vorbereitungen.
4. Schreibe alle Segnungen auf, die du von Gott empfangen hast.
5. Mache einen kritischen Rundgang durch Haus oder Wohnung, und überlege dabei, was du besser machen könntest.
6. Bereite einige Gerichte zum Eingefrieren vor.
7. Tue etwas für deine Körperpflege.
8. Lies ein wichtiges Buch.
9. Schaffe Ordnung in deinem Kosmetikkoffer.
10. Schreibe deiner alten Freundin den längst fälligen Brief.
11. Säubere im Garten die Beete vom Unkraut.
12. Ordne all deine Kochrezepte und ergänze sie.
13. Ermutige eine gläubige Freundin, indem du sie einmal anrufst. Vielleicht jemand, bei dem du es gewöhnlich nicht tust.
14. Klebe all die alten Bilder in das Fotoalbum.
15. Mache einen Spaziergang.
16. Vielleicht tut dir auch ein kurzes Schläfchen gut.
17. Nimm dir lange Zeit, um mit Gott zu reden, Ihn anzubeten und zu preisen.

18. Dein Silber müßte wieder einmal geputzt werden.
19. Schreibe ein Gedicht. (Nun hab dich nicht so, das versuchen doch alle ab und zu mal.)
20. Schreibe deinem Pastor, oder jemand anders, der es nötig hat, einen ermutigenden Brief.

7. Kapitel

Dein wachsendes Leben

Ich sitze am Jachthafen von Honolulu. Vor mir liegen, an Bojen festgemacht, Hunderte von Jachten im Wasser und schaukeln im Takt der anrollenden Wellen leise auf und nieder. Die meisten der Jachten sind strahlend weiß gestrichen, doch viele von ihnen haben leuchtend bunte Segel. Aber wenn eines der Schiffe hinausfährt, dann sollten alle an Bord besser auch für das dankbar sein, was man nicht sehen kann — den Kiel des Schiffes. Ohne einen entsprechend großen Kiel würde das Schiff nämlich bald kentern, und die Passagiere müßten Wasser schlucken.

Wie wichtig ist doch das Unsichtbare! Das stimmt für unser Leben ebenso. Wenn unser gesamtes Leben, vom morgendlichen Aufstehen bis wir abends wieder ins Bett gehen, für andere sichtbar ist, dann werden wir genauso unstabil sein wie ein Schiff ohne Kiel. Je mehr Raum das unsichtbare, vor der Welt verborgene, in der Stille geführte Leben in uns hat, das Leben des Gebets, des Bibelstudiums, des Überlegens und Planens, um so effektiver wird unser sichtbares Leben sein.

Jeder hat schon einmal gehört, daß manche Menschen sagen: „Habe ich einen normalen Tag vor mir, komme ich mit einer Stunde stiller Zeit im Gebet und im Planen des Tagesablaufs aus; doch steht mir ein besonders anstrengender und wichtiger Tag bevor, brauche ich zwei Stunden."

Wenn ich heute wirklich stille Zeit brauche, gehe ich von

Zuhause fort. Gewiß — während der Zeit, als unsere Kinder noch klein waren, konnte ich das nicht. Doch es ging früher, als ich dachte. Sobald der Kleinste in den Kindergarten ging, konnte ich mich für einige Zeit von daheim wegstehlen.

Im Haus lenkt mich einfach zuviel ab. Geht es dir nicht genauso? Ich bin mitten im Bibellesen; und gerade wird mir eine Stelle besonders wichtig, da fährt mir der Gedanke durch den Kopf: „Hast du bei der Waschmaschine auch den Schleudergang richtig eingestellt?" Oder das Telefon meldet sich, oder es klingelt, weil jemand an der Tür steht.

Wenn Nels sein Frühstück hat und zur Schule gegangen ist, suche ich mir einen ruhigen und ungestörten Ort, der je nach Jahreszeit und Wetter verschieden sein kann. In meinem Auto, mit dem ich ein Stück hinausfahre, oder auf einer verborgenen Bank im Park. Bei kaltem Wetter auch einmal in einer abgeschirmten Ecke in einem Restaurant, in dem mich niemand kennt und mich stört. Dort lese ich, bete und plane meinen Tag.

Gott kann jedem von uns solche stillen Plätze zeigen. Doch wenn du, vielleicht der Kinder wegen oder aus anderen Gründen, daheim sein mußt, dann nimm dir für deine stille Zeit fest vor, nicht zum Telefon oder zur Tür zu laufen, wenn es klingelt. Gehe mit deinem Sessel in eine Ecke des Wohnzimmers, oder in das Schlafzimmer. Schließe die Welt aus! Jesus sagt dazu: *„Gehe in deine Kammer"* (Matthäus 6,6). Für dich muß das unter gewissen Umständen manchmal vielleicht sogar das Badezimmer sein. Doch die Qualität deines Lebens wird zum großen Teil mit davon bestimmt, wieviel Zeit du mit Gott allein verbringst im Beten, Lesen und Hören auf Seine Stimme, damit du richtig planen kannst.

Zu Rays stiller Zeit am Morgen gehört, daß er über alle Dinge, die er an diesem Tag erledigen muß, ebenfalls betet. Mit seinem Notizbuch in der Hand betet er für jedes Gespräch, das vorgesehen ist; er betet für die Unterbrechungen, die kommen könnten, für die unerwarteten Telefonanrufe, für die unangenehmen Überraschungen, die uns das Leben manchmal beschert. Wenn es dann in den Tag hineingeht, ist er nicht mehr leicht aus der Ruhe zu bringen, denn er hat alles schon unter Gottes Hand gelegt. So ist es mit dem Gerechten aus Psalm 112,7: *„Er fürchtet sich nicht vor Verleumdung; sein Herz ist fest, er vertraut auf den Herrn."* Eine Mutter von kleinen Kindern muß jeden Tag mit vielen unangenehmen Überraschungen rechnen. Deshalb braucht sie Zeit, ihr Herz immer neu in Gottes Hand zu legen, damit ihr innerer Mensch immer mehr wachsen und sich unter der Führung des Heiligen Geistes entfalten kann.

Vom Kiel des Schiffes hängt seine Stabilität ab. Unsere verborgene, unsichtbare stille Zeit mit Gott bestimmt wesentlich die Stabilität unseres Lebens.

Welche Zeitungen liest du, welche Illustrierten, welche Bücher? Sie erzählen Bände darüber, ob du ein Bummler bist, wie ein Schmetterling durchs Leben schaukelst und hier und da von jeder Blüte nippst, die dir ins Auge sticht, oder ob du die wichtigen und großen Ziele des Lebens vor Augen hast und auf sie zugehst. Es sind die Dinge, die die stille Zeit deines Lebens ausmachen — ein Teil vom Kiel deines Schiffes. Sie sollten ein Spiegel der inneren Tiefe deines Lebens sein.

Was du tust, solltest du gründlich tun. Natürlich zuerst deine Pflichten Gott und der Gemeinde gegenüber und im täglichen Leben. Hast du vielleicht noch ein besonderes Interessengebiet? Was ist es? Dein Haushalt? Der Garten? Vielleicht die Amateurfunkerei oder der Tauch- oder Schwimmsport? Konzentriere dich auf eines oder wenige Dinge, doch auf die gründlich. Man kann nie alles. Doch worauf du dich konzentrierst, darüber lies Bücher, sprich mit Gleichgesinnten, sammle alles Wissenswerte dazu aus Zeitungen und Zeitschriften. Wisse wirklich darüber Bescheid.

Das andere sortiere aus und wirf es fort. Prüfe deine Bibliothek. Wieviel Unnützes steht da herum. Gib die alten Bücher, die du doch nie liest, in eine Bücherei oder der Heilsarmee. Baue dir dann eine Bücherei auf, die dir wirklich wichtig und sinnvoll ist. Du wirst im Leben nie alles können und wirst auch nie über alles gründlich Bescheid wissen. Deshalb konzentriere dich auf das, was dir wichtig ist.

Der erste Mann meiner Freundin Ginny war Rechtsanwalt, der sich nebenbei für die Erforschung des Weltraums interessierte. Als er starb, hatte er über dieses Thema eine sehr große Bibliothek zusammengebracht, die dem „Kalifornischen Institut für Technologie" vermacht wurde. Dort erklärte man, es sei die beste Bibliothek, die es über dieses Thema in der Welt gäbe. Man baute extra ein kleines Haus, um sie unterzubringen.

Du wirst das höchstwahrscheinlich nicht tun. Doch auch deine Sammlung kann vielleicht eines Tages für irgend jemand sehr wichtig werden. Außerdem kann dir dadurch vielleicht der Weg zu einem neuen Beruf gezeigt werden, wenn deine Kinder erst einmal so alt sind, daß du dich wieder mehr dem öffentlichen Leben zuwenden kannst. Wer weiß es?

Doch vor allem sollte jede christliche Frau, und dies ist das Wichtigste, eine Spezialistin in göttlichen Fragen werden. Das meiste von dem, was du liest — Bücher, Zeitschriften usw. —, sollte vor allem dein geistliches Leben bereichern und aufbauen. Unser Leben hier sollte uns ja zubereiten für die Ewigkeit, das weißt du doch! Deshalb *„bemühe dich darum, dich vor Gott zu bewähren als ein Arbeiter (Arbeiterin), der (die) sich nicht zu schämen braucht, als ein Mann (eine Frau), der (die) offen und klar die wahre Lehre vertritt"* (2. Timotheus 2,15). Wir sollten christliche Frauen sein, die viel Erkenntnis und Wissen haben in den Fragen der christlichen Lehre; und auch darüber, welche Haltung wir Christen zu den Vorgängen in dieser Welt einnehmen. Auch die Affären dieser Welt laufen nach dem großen Zeitplan Gottes ab, deshalb müssen wir wachsam sein, die Zeichen der Zeit erkennen und aufmerksam und achtsam in dieser Welt leben.

Nimm dir jeden Tag soviel stille Zeit wie nur möglich, indem du unwichtige Dinge aufgibst, damit der unsichtbare Kiel deines Lebensschiffes gestärkt wird. Du brauchst Zeit, um vor Gottes Angesicht zu erscheinen; Zeit, um die Bibel systematisch zu lesen und zu studieren; Zeit, um Gott zu preisen und in Fürbitte für deine Brüder und Schwestern in Christus und für andere Menschen in Not einzutreten; Zeit, um die rechten Pläne zu machen und Entscheidungen zu treffen.

Hast du noch kleinere Kinder und mußt dich ganz um deinen Haushalt kümmern, brauchst du auch etwas Zeit für das, was Pat King „rückwärts planen" für jeden Tag nennt. Das heißt, du solltest an jedem Morgen die Aufgaben des Tages rückwärts durchplanen. Pat King schreibt: *„Laßt uns zum Beispiel annehmen, das Ziel für diesen Montag ist, mittags muß alles in Ordnung sein. In der Küche ist noch alles durcheinander, auch das Geschirr ist noch nicht abgewaschen; dort werde ich also etwa eine Stunde brauchen. Ich muß also um 11 Uhr damit beginnen. Für das Badezimmer brauche ich 20 Minuten, spätestens 10.40 Uhr muß ich deshalb dort anfangen. Etwa 30 Minuten brauche ich für das Wohnzimmer, einschließlich Staubsaugen; also kurz nach 10 Uhr . . . In dieser Reihenfolge geht es rückwärts weiter. Endet sie dann mit allen nötigen Arbeiten vielleicht bei 9 Uhr und es ist jetzt 8.20 Uhr, weiß sie, daß ihr noch etwa 40 Minuten für ihre stille Zeit bleiben."*

Wenn sie dann am Vormittag ihre Arbeiten eine nach der anderen erledigt, blickt sie immer wieder auf die Uhr und bringt sich auf diese Weise selbst dazu, Ordnung in ihrem Zeitplan zu halten. Pat King hält es in ihrem Leben selbst so, und offensichtlich muß es funktionieren, denn sie hat zehn Kinder und findet immer noch Zeit, selbst ordentlich und adrett auszusehen. Wenn du dir aber die Zeit nicht nimmst, alles einzuteilen, sondern dich planlos hineinstürzt, dann wirst du manches vergessen, anderes zweimal beginnen, die Übersicht verlieren und vielleicht durchdrehen.

Gehst du noch einer Beschäftigung nach, mußt du ebenfalls viel beten und planen, um das Gleichgewicht zwischen deinem Beruf und dem Haushalt zu halten und die kostbare Zeit wirklich zu nutzen. Doch das, was dir innerlich und auch äußerlich immer wieder am meisten hilft, ist: Gott zu begegnen, vor Ihm zu bleiben, Ihn anzubeten und dich an Ihm zu erfreuen. Das kannst du nicht in aller Eile eben nebenbei tun.

Ein Teil meines persönlichen Notizbuches ist für das Bibelstudium bestimmt. Kürzlich beobachtete ich im Fernsehen eine Evangelisationsversammlung mit Billy Graham. Ein sehr bekannter Sportler des Football-Teams der Universität von Oklahoma gab ein bemerkenswertes Zeugnis. Dabei zitierte er immer wieder Bibelstellen. Zwischendurch erwähnte er, er habe schon seit etwa seinem zwölften Lebensjahr die Gewohnheit, seine Bibel täglich mit einem Notizbuch und Kugelschreiber in der Hand zu studieren. Kein Wunder, dachte ich, daß sein Herz und auch sein Mund voll ist mit den Wahrheiten Gottes.

Ich weiß gar nicht, warum ich nicht für mich selbst früher schon damit begonnen habe, es ebenso zu machen. Ich tue es erst seit kurzer Zeit. Gewiß, wenn ich mich vorbereitete für Vorträge oder Bibelstudien in verschiedenen Kreisen, habe ich natürlich auch Notizen gemacht. Doch das war eben für meinen Dienst an anderen gedacht, nicht für mich selbst. Ich muß zugeben, daß ich deshalb während der früheren Jahre viele wunderbare Wahrheiten, die mir bei einer bestimmten Gelegenheit groß wurden, wieder vergessen habe, weil ich sie in dem Augenblick, als ich sie erkannte, nicht niederschrieb.

Vielleicht sagst du jetzt, du weißt nicht, wie du mit dem systematischen Studieren der Bibel beginnen sollst. Mach dir keine Sorgen, sondern fange einfach an. Hier ist einer der Gründe, weshalb Gott uns den Heiligen Geist gesandt hat, der uns ein rechter Lehrer sein will. Einen besseren können wir gar nicht bekommen. Außerdem gibt es viele gute Bücher, die Rat, Hilfe und Anleitung geben.

Von all seinen Aufgaben als Pastor ist Ray das Predigen des Wortes Gottes wohl am liebsten. Mit allem Eifer betreibt er deshalb auch sein Bibelstudium, um seiner Herde die gute und wohlausgewogene Wahrheit der Bibel predigen zu können. Doch Ray hat nie eine Bibelschule besucht, sondern nur eine Anzahl Kurzseminare für den praktischen Pastorendienst. Woher hat er dann all das, was er seit Jahrzehnten predigt; seit 17 Jahren auch schon über das Radio, so daß er in vielen Ländern der Erde gehört wird? Er hat es auf gleiche Weise gelernt, wie du und ich es ebenfalls können — vom Studieren des Wortes Gottes. Er hat sich von guten Bibellehrern feine Studienbücher empfehlen lassen und hat sie eifrig gelesen und durchgearbeitet.

Solche Bücher und eine gute Konkordanz helfen sehr, in den Schätzen des Wortes Gottes herumzugraben und darüber zu beten, um immer neue Weisheit und Erkenntnis daraus zu schöpfen.

Und weißt du, was? Ob du nun schon viele Jahre deine Bibel studierst oder darin noch eine Anfängerin bist, ändert nichts daran, daß der Heilige Geist auch dein ganz persönlicher Lehrer sein will. Immer, wenn du liest, will Er dir die großartigen Wahrheiten der Bibel mehr und mehr aufschließen und dich immer tiefer in Gottes wunderbares Wort führen. Er ist ein großartiger Lehrer.

Nimm dir also jeden Tag Zeit für die Bibel. Beginne mit einem Buch aus dem Neuen Testament, vielleicht mit einem der vier Evangelien. Schreibe dir auf, was dir wichtig geworden ist. Unter eine andere Rubrik schreibe auch, was du noch nicht verstehst, so daß du jemand danach fragen kannst. Du wirst sehen, wie dein Leben dadurch jeden Tag bereichert wird. Grabe eifrig und grabe tief.

Während der letzten fünf Jahre habe ich die Bibel jedes Jahr einmal durchgelesen. Wenn man pro Tag etwa fünf Seiten liest, kann man es schaffen. Wenn du dich mit einigen wichtigen Büchern des Neuen Testaments erst vertraut gemacht hast, wirst du vielleicht auch die ganze Bibel einmal durchlesen wollen, um den großen Überblick zu bekommen. Du siehst, es gibt viele Wege, die Bibel zu studieren. Es ist wie mit einer Landschaft. Man kann darin wandern und in jedes kleine Tal hineingehen und darin sogar noch die einzelnen Steine in die Hand nehmen und die Grasbüschel bestaunen, oder man kann auch einmal mit dem Hubschrauber darüber fliegen, um das gesamte Bild einmal vor Augen zu haben.

Wenn es im Laufe der Zeit mehr Notizen, Buchausschnitte usw. werden, kannst du dir ein einfaches Ordnungssystem einrichten. Schaffe dir einen Ordner an und hefte dort alles Material ab. Das kannst du entweder tun, indem du alles in der Reihenfolge der Bücher der Bibel einordnest, vom 1. Buch Mose bis hin zur Offenbarung. Du kannst dir aber auch noch ein zweites System anlegen, wo du alles nach Themen zusammenträgst, z.B. Glaube, Liebe, Gnade, Heiliger Geist usw. Natürlich kannst du es auch auf andere Weise ordnen, wenn dir dazu noch Besseres einfällt, so daß es ganz auf deine Art des Bibelstudiums zugeschnitten ist.

Du bist nun in der Lage, dir immer die Notizen und Ausschnitte usw. aus deiner Materialsammlung herauszuholen, die du gerade brauchst, weil du sie selbst wieder einmal für dein Bibelstudium benötigst oder weil du anderen Menschen auf ihre Fragen Antworten geben möchtest und sie einführen willst in die wunderbaren göttlichen Wahrheiten der Bibel. So wirst du selbst immer mehr im geistlichen Leben wachsen und kannst auch anderen ein Zeugnis der großen Gnade Gottes sein.

Auf diese Weise wird das Wort aus 2. Timotheus 2,1.2 im Leben einer jeden gläubigen Frau in die Praxis umgesetzt: *„Sei stark in der Gnade, die dir in Christus Jesus geschenkt ist. Was du . . . von mir gehört hast, das vertrau zuverlässigen Menschen an, die fähig sind, auch andere zu lehren."*

8. Kapitel

Dein privates Leben

Wo ist dein wahres Selbst? Es wohnt tief in dir, wo deine Denk-
und Entscheidungsprozesse ablaufen. Ray sagt: Dein Leben ist
wie ein Rad, mit der Nabe als Mittelpunkt dessen, was du wirklich bist. Der Radkranz, das sind all die Punkte deines Lebens,
wo du mit der Außenwelt in Berührung kommst, wo es dann
viele Reibungen, Hitze und Staub gibt.

Doch im Zentrum ist dein wahres Selbst. Steht Gott in deinem Leben wirklich an erster Stelle, dann wohnt Er dort; und
dann ist dort auch Ruhe und Frieden. Du lernst es dann immer
mehr, in Ihm zu bleiben. Er ist deine Zuflucht, zu der du immer
wieder fliehst. Er organisiert dann dein Leben, tut dir Seinen
Willen kund und macht Pläne für dich. Er wohnt durch den Heiligen Geist in dir, und all dein Leben und Atmen, dein Lachen
und deine Tränen — einfach alles von dir — wird geheiligt, denn
Sein Geist ist heilig. Wunderbar! Halleluja!

Wenn dies so ist, dann sollte sich in deinem Leben Seine Gegenwart widerspiegeln, ganz gleich, ob du allein bist oder deine
Kinder oder andere Menschen dich umgeben. *„Was immer
wahrhaft, edel, recht, was lauter, liebenswert, ansprechend ist,
was Tugend heißt und lobenswert ist, darauf seid bedacht"* (Philipper 4,8). Diese Worte gelten allen, auch uns Frauen und Müttern. Und Er erwartet nichts von uns, wozu Er uns nicht auch
die Fähigkeit gibt, es in unserem Leben in die Tat umzusetzen.

Wenn es also wahr ist, daß Gott der Mittelpunkt deines Lebens ist, dann sollte auch in deiner unmittelbaren Umgebung manches davon zu sehen sein. Deine Schubkästen und Schrankfächer, dein Nachttischchen und dein Schreib- oder Arbeitstisch sind die Gegenstände deines persönlichsten privaten Lebens. Selbst wenn du zehn Kinder hast, sollten diese Bereiche dir allein gehören, und sie sollten die Ordnung und den Frieden deines inneren Lebens mit Gott widerspiegeln.

Je kleiner deine Familie ist, um so größer wird dein ganz persönlicher Bereich sein. Bist du unverheiratet und Direktorin einer Bank oder eines Unternehmens, dann hast du vielleicht ein ganzes Haus für dich allein. Wenn du aber in einem Internat einen Schlaf- und Wohnraum mit noch zwei anderen Mädchen teilen mußt, dann gehört dir nur ein Drittel dieses Raumes. Doch was immer auch das Deine ist, es sollte darin die Schönheit einer Frau zu sehen sein, in deren Herzen Gott den ersten Platz einnimmt.

Wenn du behauptest, du hättest nicht genug Schubfächer und Schränke für all deine Sachen, dann besitzt du wahrscheinlich zu viele Dinge. Verschenke sie, schränke dich ein wenig ein, doch laß deine intimsten Bereiche, Schubfächer und Schränke übersichtlich und ordentlich aussehen — so wie du selbst.

Ich muß bekennen, daß mir in all meinen Hausfrauenjahren das Polieren und Staubwischen nicht gerade die allergrößte Freude gemacht hat. Wenn man dabei auch noch vier Kinder aufzieht, wird das Haus davon auch nicht gerade sauberer. Doch ich habe mir immer Mühe gegeben, die Räume unseres Hauses hübsch aussehen zu lassen; und mein Stolz hat mich dazu gebracht, sie auch immer sauberzuhalten. Was mir dabei geholfen hat war die Überzeugung, daß man die schönste Blume in einer prächtigen Vase übersieht, wenn auf dem Fußboden ein Paar Strümpfe herumliegen.

Schon als Ray noch im Princeton Seminary studierte und wir mit drei Kindern nur eine kleine Studentenwohnung besaßen, war die Spielecke der Kinder entweder ein abgegrenztes Stück mit all ihrem Spielzeug darin oder sie spielten draußen. Einige

Teile unserer kleinen Wohnung waren eben nur für Erwachsene.

Und trotzdem hört das Aufräumen nie auf, das weißt du auch. Schmutzige Wäsche gehört so schnell in die Wäschetruhe wie schmutzige Gedanken aus unserem Sinn verbannt werden müssen. Im Leben eines Kindes Gottes sind es beide nicht wert, daß sie einfach herumliegen dürfen.

Was steht auf deinem Nachttischchen? Vielleicht eine Lampe, ein Rahmen mit ein oder zwei dir besonders lieben Fotos, und eventuell, wenn du in dem richtigen Klima lebst oder es dir leisten kannst, eine kleine Vase mit einer Blume? Sortiere alles andere aus — wirf es fort, verschenke es oder räume es an den richtigen Ort. Hast du in deinem Nachttischchen ein Schubfach? Dann sollte da dein augenblicklicher Lesestoff — Bücher, Zeitschriften usw. — liegen. Kein Schubfach? Nimm einen hübschen Korb und stelle ihn unter dein Nachttischchen, und da hinein den Lesestoff. Einige Bereiche in der Wohnung, wie dieser, gehören dir allein, sie sind für die Kinder verbotenes Gebiet.

Wenn ich alles auf diese Weise einrichten kann, habe ich das Gefühl, daß mein intimstes Leben mit Gott erfüllt und geordnet ist, ganz gleich, wie die äußeren Umstände auch sein mögen. Ich lebe sozusagen von innen nach außen. Und wenn ich so mit Gott lebe, dann bin ich von Ihm eingehüllt. Ich befinde mich im Zentrum des Sturmes, wo Ruhe herrscht, und die äußeren Umstände des Lebens können meine eigentliche Persönlichkeit nicht beeinflussen oder gar bestimmen.

Der Mensch, zu dem ich nach Gott in der engsten Verbindung stehe, ist mein Gatte. Für dich mag es auch dein Mann sein, oder, wenn deine Lebensumstände andere sind, eine Freundin, mit der du das Zimmer oder eine kleine Wohnung teilst. Zeige deine Achtung vor deinem nächsten Mitmenschen, indem du immer versuchst, so gut auszusehen wie das möglich ist. Unser inneres Leben sollte stets so schön und geordnet sein, daß wir immer von innen nach außen leben können. Statt als Heuchler mit einer Maske herumzulaufen, sollte unser öffentliches Leben nur die Widerspiegelung unseres privaten Lebens sein. Warum sind so viele Menschen höflich und zuvorkommend zu Fremden, aber häßlich zu denen, mit denen sie am engsten zusammenleben? Je mehr dein Leben in Gott ruht, um so mehr sollen Menschen, die dir nahe stehen, sich an dir freuen können. Dein Mann oder deine Freundin, die mit dir lebt, wird nicht gerade gesegnet durch dein Rülpsen, dein Pulen an den Zehen oder durch deine herumliegende schmutzige Wäsche... Lies in der Bibel wieder einmal das „Hohelied Salomos", und laß dabei Gottes Gedanken über eine tüchtige und schöne Frau auf dich einwirken.

Ray hatte einmal Gelegenheit, ein Gestüt zu besichtigen, in dem einige der wertvollsten Rennpferde der Welt gehalten wurden, die Hunderttausende von Dollars wert waren. Ihre Ställe waren völlig ausgepolstert, um sie vor Infektionen zu schützen, die sie eventuell durch kleine Kratzer oder Stöße bekommen könnten.

Wieviel mehr sollten Gottes Frauen, die in dieser Welt so sehr benötigt werden und die so kostbar sind in Gottes Augen, die innersten Räume ihres Lebens bewahren. Laß dich nicht von billiger und seichter Musik berieseln oder von gemeinen und schmutzigen Fernsehsendungen die Atmosphäre verderben. Schreie nicht mit deinen Kindern. Wenn du es irgend verhindern kannst, verletze die nicht, die mit dir zusammenleben, und laß dich nicht von ihnen verletzen.

Du fragst nun vielleicht: Aber wann kann ich einmal ich selbst sein? Wann kann ich mich einmal ausleben? Nun, genau das ist es ja, worüber ich rede.

Vor einer Generation verstand man unter Weltlichkeit Rauchen, Tanzen, Trinken, Lippenstift und Kartenspielen. Das ist heute auch noch so. Doch dazu kommt, daß die Welt den Christen heute statt wahrem Christentum eine pseudo-psychologische, ich-vergötzende, sich-selbst-verhätschelnde und gefühlsorientierte Religion einreden will, die da sagt: „Wenn es sich gut fühlt, dann tue es."

Viele Christen wissen nicht so gut in der Bibel Bescheid, daß sie die Möglichkeiten eines wahrhaft geheiligten Lebens erkannt hätten. Dein „wirkliches Sein", von dem ich rede, sollte in Gott leben, täglich Seine Gegenwart erfahren und ein geheiligtes Leben führen. Natürlich sollte deine Persönlichkeit sich ausdrücken und auch „ausleben" können. Doch wenn Jesus der Mittelpunkt deines Lebens geworden ist, das Kontrollzentrum deines Herzens und deines Willens, dann wirst du, wenn du dich ausdrückst, segnen und nicht fluchen, weil Jesu Leben, das der Mittelpunkt deines Lebens ist, durch dich zum Ausdruck kommt. Du wirst dann wirklich ablegen *„jede Art von Bitterkeit, Wut, Zorn, Geschrei und Lästerung und alles Böse".* Statt dessen heißt es dann: *„Seid gütig zueinander, seid barmherzig, vergebt einander, weil auch Gott euch durch Christus vergeben hat."* (Epheser 4,31.32.) Ab und zu wird es nötig sein, einmal freundlich zu ermahnen, so wie du umgekehrt erwartest, auch *freundlich* ermahnt zu werden (Galater 6,1.2).

Schönheit in deinen Beziehungen zu deinen Mitmenschen. Schönheit in deiner persönlichen Atmosphäre und Umgebung, die du beeinflussen kannst. Schönheit in deinem privaten Leben. Amen! Herr, so soll es sein! Wenn aber üble und böse Worte statt Segnungen aus deinem Munde kommen, sagt uns Jakobus 3, daß dies nicht normal ist, sondern schädlich und unheilvoll. Entschuldige dich dann sofort vor Gott und auch vor deinen Lieben, und beginne wieder mit dem Guten, Edlen und Liebenswerten, wodurch Segen verbreitet wird.

Unsere persönlichen Beziehungen in unserer privaten Sphäre unterliegen fortwährenden Veränderungen. Um sie in der rechten Weise zu erhalten, müssen wir deshalb immer wachsam sein im Gebet, mit vielen freundlichen Worten, mit tausend Umarmungen und Küssen, vielen „ich liebe dich" und „es tut mir leid". Wenn du allein lebst und wenig zu tun hast mit diesen engen persönlichen Beziehungen zu deinen nächsten Mitmenschen, dann solltest du dich um so eifriger am Leben der gesamten Familie Gottes, der Gemeinde, des Leibes Christi, beteiligen und dort diese persönlichen Beziehungen finden. So wirst du vor Isolierung bewahrt, die tödlich für dein inneres Leben ist.

Nun zurück zu deiner Wohnung: Badezimmerregale können, genau wie Küchenregale, ein heilloses Durcheinander sein. Halte deine so leer wie möglich. Hast du für dein Make Up in Schubfächern oder Schrankfächern nicht genügend Platz, stelle sie ordentlich in einen hübschen Korb. Du wirst das Regal häufiger säubern, wenn nicht soviel darauf steht. Sind deine Kosmetikartikel in Schubfächern, ist es vielleicht Zeit für eine Neuordnung. Alle Gegenstände fürs Haar hier, Gesichtskosmetik da, Körperpflegeartikel dort. Dinge, die du längere Zeit nicht gebraucht hast, gib fort oder wirf sie weg. Gleiches tue mit deinem Medizinkasten.

Wie steht es mit deiner Kleidung? Vielleicht solltest du alles wieder einmal gründlich durchsehen. Hast du manches ein Jahr lang nicht getragen? Warum nicht? Paßt es nicht mehr, weil du zu- oder abgenommen hast? Das ist ebenfalls ein Gebiet, worüber du mit dem Herrn reden solltest, vielleicht auch mit einem Arzt. Halte dich an das, was dir verordnet wird, und sieh zu, daß du zu dem für dich richtigen Gewicht kommst. Es gibt so viele Bücher über richtige Gewichtskontrolle, daß ich mir weitere Ausführungen darüber hier ersparen will. Doch ganz gewiß ist dies ein wichtiger Faktor, wenn du als tüchtige und ansehnliche Frau Gott Ehre machen willst. Übrigens meine ich hier nicht nur zu dicke Frauen, sondern auch solche, die zu dünn sind, weil sie vielleicht gesundheitliche Probleme haben oder weil in ihrem Kopf die verrückte Idee sitzt, sie müßten wie Bohnenstangen herumlaufen.

Beide Probleme sind für Gott nicht zu groß. Er möchte, daß du zu den Überwinderinnen und Siegerinnen gehörst. Er kann dir helfen, daß du das Gewicht hältst, das für dich richtig ist. Dann wird all deine Kleidung eine Größe haben — nämlich die richtige für dich. Alles andere solltest du verschenken.

Ehe du deine Kleidung einer Durchsicht unterziehst, setze

dich bei gutem Licht, möglichst Tageslicht, vor einen großen Spiegel und halte verschiedene Farben unter dein Gesicht. Welche Farbe macht dich besonders hübsch? Sollten es die Herbstfarben sein, dann bist du ein braunes Mädchen wie ich und hast den Schlüssel zu deinem Kleiderschrank gefunden. Passen Schwarz und Weiß zu dir, mußt du deine Garderobe darauf aufbauen. Würden dir Pastellfarben am besten stehen, könnte Marineblau für die Akzessoires (Handtasche, Schuhe usw.) infrage kommen.

Nach dem Farbentest findest du in deinem Schrank eventuell Kleidungsstücke, die du gleich weggeben solltest, oder sobald wie möglich. Ich weiß, es braucht Zeit und Geld, um nach und nach zu einer zusammenpassenden Garderobe überzuwechseln.

Anschließend solltest du prüfen, ob deine Schuhe und Handtaschen usw. zu deiner Kleidung passen. Rock und Schuhe sollten entweder die gleiche Farbe haben, oder die Schuhe sollten dunkler sein. Vergiß nie, daß deine Kleidung nicht dazu da ist, um wie ein bunter Papagei auszusehen. Willst du Gottes Schönheit ausstrahlen, sollte deine Kleidung auch nicht „sexy" sein. Deine Garderobe ist auch nicht gedacht, um aufzufallen. Eindruck machen solltest du durch deine Persönlichkeit; deine Kleidung sollte diesen Eindruck nur unterstreichen.

Hast du sehr breite Hüften, ist vielleicht ein enger Rock nicht gerade richtig für dich. Ausgesprochen abstoßend kann es aber wirken, wenn du sehr breit gebaut bist und meinst, trotzdem Hosen tragen zu müssen. Ich würde dir empfehlen, einmal zu überlegen, ob für dich Röcke und Kleider besser sein könnten. Überprüfe auch deine Unterwäsche. Hast du für deine Oberkleidung die jeweils passende? Vielleicht machst du dir eine Liste, was jeweils am besten zusammenpaßt. Alles andere, was du nicht benötigst, gib weg, jemand anderes braucht es.

Wie steht es mit Schmuck und Broschen für Mantel, Jacke oder Bluse? Unnützen Flitterkram solltest du nicht verwenden, verschenke ihn oder wirf ihn weg. Vielleicht kommst du ganz ohne Schmuck aus, sonst genügen einige wenige wirklich dezente Stücke.

Vielleicht müßten einige Schubkästen noch unterteilt werden, um darin mehr Ordnung zu haben. Solche Unterteilungen sind leicht zu beschaffen. Im Abstellraum oder im Schrank braucht es einen Platz für Gürtel, Taschen, Schuhe und Hüte. Hast du einen Extraschrank oder Platz im Abstellraum für Kleidung, die du während der jetzigen Jahreszeit nicht benötigst? Hast du den Raum wirklich gut ausgenutzt? Manches kannst du in Kartons packen und im Abstellraum auf die obersten Regale stellen. Wären noch Möglichkeiten vorhanden, eine weitere Kleiderstange oder Haken anzubringen? Wenn du es dir leisten kannst, beschaffe dir ordentliche Kleiderbügel, und gib die Dinger aus Draht der Reinigung zurück.

Sind alle Dinge, die du zum Ankleiden brauchst, nahe beieinander, so daß du dich anziehen oder umziehen kannst, ohne erst in verschiedene Räume laufen zu müssen und in diversen Schränken und Truhen zu wühlen? Vielleicht sollte dein Schlafzimmer einmal umgestellt oder neu geordnet werden?

Jetzt etwas sehr Wichtiges: Bist du verheiratet, dann sieh zu, daß alles, was dein Mann benötigt, zuerst bedacht wird, und räume ihm den meisten Platz im Schrank und in den Schubfächern ein. Auf diese Weise zeigst du ihm das ganze Jahr über stillschweigend, daß du für ihn sorgst und an seine Bedürfnisse zuerst denkst.

Nun tritt zurück und beschau dir alles. Ist für jedes Ding ein Platz gefunden? Und ist jedes Ding an seinem richtigen Platz? Dann beginne, durch die anderen Räume deiner Wohnung oder deines Hauses zu gehen. Du beginnst mit dem Mittelpunkt, und wenn dort alles richtig ist, erweiterst du es, daß es überall richtig wird. Bei „richtig" meine ich nicht „teuer", sondern ich meine zwei andere Dinge: ordentlich und hübsch.

Hast du vielleicht einfach zuviel zusammengetragen? Zu viele Möbel, zu viele andere Dinge? Gib weg, wirf fort oder rufe die Heilsarmee.

Sind auch die Farben in der ganzen Wohnung die richtigen, und sind sie gut abgestimmt? Vielleicht sollte das eine oder andere neue Farbe oder Tapete bekommen.

Was muß sonst noch geordnet werden? Schreibe alle Adressen deiner Verwandten, Freunde usw., geordnet nach dem ABC, in ein Notizbuch. Bring die alten Fotographien in ein Album. Es wäre auch gut, in deine Nähutensilien ein gewisses System zu bringen. Was gibt es sonst noch? Was hast du im Laufe eines Jahres überhaupt nicht angerührt oder gebraucht? Wenn es sich nicht um Bücher oder Wertsachen handelt, dann gib es weg.

Was sollte nicht offen herumstehen? Wenn du alles Zeug, was du nicht brauchst, aus der Küche ausräumst, wirst du genug Platz haben, den Mixer, den Toaster und den Kaffeetopf in den Schrank zu räumen. Sollte der Raum immer noch nicht dazu reichen, dann überziehe sie mit hübschem Stoff in passenden Farben. Vielleicht sollte auch vor deinem Nähzeug ein hübscher Vorhang hängen?

Sieh zu, daß dein Küchentisch möglichst leer ist. Dann stelle etwas darauf, einfach nur, weil es gut aussieht — eine Schale mit Früchten, eine lustige Pflanze, ein Glasgefäß oder eine hübsche Blume.

Soll dein Haus oder deine Wohnung einen Hauch von Schönheit haben, dann laß den offensichtlichsten Blickfang in jedem Raum auch etwas Besonderes, Schönes sein, nicht etwas Alltägliches. Man wird dann nicht das Bügelbrett sehen, das du versehentlich herumstehen ließest, sondern die ausnehmend schöne Vase mit der prächtigen Rose darin. Ist es nicht so?

9. Kapitel

Deine engsten menschlichen Beziehungen

Ich habe über meine „Lebenszwecke" in Kapitel 5 mit dir gesprochen. Der zweite war: „Meine Mitmenschen mit Gott in Verbindung zu bringen." Ich möchte durch mein Leben, durch mein Zeugnis und durch meine Gaben für andere ein Wegweiser sein, der sie auf Gott hinweist. Ich möchte gern durch mein Zeugnis etwas Bleibendes im Leben dieser Menschen hinterlassen.

Ich habe von einer Frau gelesen, die in ihrem Leben nichts dergleichen erwartet. Sie lebt in Hollywood und hat dort nichts anderes zu tun, als von einer Filmparty zur anderen zu laufen. Sie sagt: „Alles, was das Leben bieten kann, ist Vergnügen — soviel Vergnügen, wie man von dieser unvollkommenen Welt erwarten kann. Wenn du dein Leben nicht auf diese Weise siehst, bleibt dir überhaupt nichts mehr; du kannst dann geradewegs hindurchgehen, mit einem absoluten Nichts am Ende — denn wenn du nachher einfach verschwindest, was ist dann? Du kannst von deiner Existenz hier keine Fußspur, kein Zeichen noch irgend etwas anderes hinterlassen."

Die arme, arme Frau! Sie steckt bis zu den Zähnen in den teuersten Kleidern, verbringt einen großen Teil ihrer Zeit in den Schönheitssalons, ist mit Schmuck behängt bis über die Ohren, und das alles nur für ihr Vergnügen — sie weiß nicht, wohin es einmal gehen soll. Vergleiche das einmal mit dem Plan, den Gott für dein Leben hat. Denn nur Er weiß, wieviel durch dein Leben für die Ewigkeit bewirkt wird.

Eines Tages näherte sich ein junger Bursche Jesus und scharrte verlegen mit den Füßen im Staub. Weil er keine bessere Einleitung für ein Gespräch finden konnte, fragte er: *,,Meister, wo wohnst Du?"* Jesus verbrachte viele Stunden mit ihm und seinem Gefährten und machte ihm die Tatsache klar, daß Er der langerwartete Messias war (Johannes 1,35-41). Der Bursche war Andreas, der nachher ging und seinen Bruder Simon (Petrus) zu Jesus führte.

Was wurde das Ergebnis für Andreas und Simon? Sie erlebten, wie sich Tausende an einem Tag bekehrten. Sie schrieben Briefe, die nachher Teile des heiligen Wortes Gottes wurden. Aus ihnen wurden zwei der Grundsteine der ewigen Gemeinde Jesu Christi (Epheser 2,20); und ihre Namen werden auch einmal auf den Grundsteinen der ewigen Stadt Gottes stehen (Offenbarung 21,14). Wieviel Bleibendes für die Ewigkeit wurde doch durch das Leben des jungen Burschen Andreas bewirkt, wo er ja zunächst gar nichts anderes tat, als sich Jesus zu nähern und Ihm eine ganz alltägliche Frage zu stellen.

Wenn du ebenso zu Jesus gehst, dann bist du dort, wo das Wesentliche geschieht. Und allein Gott wird entscheiden, wie viele Spuren dein Leben für die Ewigkeit hinterlassen wird. Er erwartet von uns, daß wir uns bewußt und eifrig bemühen, Ewigkeitsspuren im Leben anderer Menschen zu hinterlassen. Das ist unsere Aufgabe in Seinem großen Plan. In Matthäus 28,18-20 erklärt Er uns: *,,Mir ist alle Macht gegeben im Himmel und auf Erden. Darum geht zu allen Völkern, und macht alle Menschen zu Meinen Jüngern ... und lehrt sie, alles zu befolgen, was Ich euch geboten habe. Seid gewiß: Ich bin bei euch alle Tage bis zum Ende der Welt."*

,,Macht zu Jüngern!" Da Jesus dies zu Seinen eigenen Jüngern sagte, wußten sie natürlich recht gut, was gemeint war. ,,Ich bin für mehr als drei Jahre in ganz enger Gemeinschaft mit euch gewesen, habe euch aus vielen anderen ausgewählt und mit Meinen Wahrheiten vertraut gemacht. Jetzt verlasse Ich euch, und ihr tut nun, was Ich mit euch getan habe. Jeder von euch wähle einige aus und lehre sie alles, was Ich euch gelehrt habe. Der Heilige Geist wird zu euch kommen und euch bei dieser Aufgabe helfen."

Und bald kam Pfingsten und damit der Heilige Geist! Welch gewaltige Explosion! Feuerwerk! Die 120 Jünger hatten gleich am ersten Tag 3000 neue Gläubige, die sie nun zu rechten Jüngern machen sollten. Wie würden sie das schaffen können? Doch sie hatten ja noch Jesu Beispiel vor Augen, wie Er es getan hatte, als Er bei ihnen war. Es kamen also im Durchschnitt auf jeden der schon länger Gläubigen 25 geistliche Babys. Diese Neubekehrten wurden belehrt (Apostelgeschichte 2,42), die schon länger Gläubigen hatten Gemeinschaft mit ihnen, man feierte gemeinsam das Abendmahl, war aber auch sonst oft zu Mahlzeiten beieinander; und sie wurden mit zu den gemeinsamen Gottesdiensten genommen.

Wo geschah dies alles? An zwei Orten: Im Tempel, wo Raum genug war, wenn sich alle gemeinsam versammeln wollten, was regelmäßig geschah; und in den Häusern der Gläubigen, wo sie sich in kleinen Gruppen versammelten (Apostelgeschichte 2,46). Wie oft taten sie das? Die Bibel sagt uns: täglich. Und dieser Lebensstil der neu entstandenen Gemeinde war so erfolgreich, daß aus den 3000 Gläubigen bald 5000 geworden waren (Apostelgeschichte 4,4).

Auch unsere Aufgabe in dieser Welt ist es, weiterhin Jünger zu machen. Wir sind als Christen nicht nur zur Anbetung und Verherrlichung Gottes hier, obwohl dies immer unsere erste Pflicht ist. Doch wäre dies der alleinige Grund, weshalb wir Christen geworden sind, könnte Gott uns schnellstens zu sich in den Himmel nehmen, wo die Anbetung Gottes sicherlich am ungestörtesten und vollkommensten geschehen kann. Wenn Er uns aber noch hier auf Erden läßt, dann deshalb, damit wir hier noch Spuren für die Ewigkeit hinterlassen im Leben anderer Menschen.

Wir lebten einige Monate in einem Land, in dem die Bürger mit dem Tode bestraft wurden, wenn sie sich zu Christus bekehrten. Eines Abends wurden wir auf geheimen Wegen in ein Haus gebracht, in das uns ein junger Mann zum Abendessen eingeladen hatte. Er war Christ und liebte Jesus von ganzem Herzen. Seine äußere Erscheinung war sehr ansehnlich, und er war eine beeindruckende Persönlichkeit. Während unserer Unterhaltung sagte er: „Ich kann nicht daran denken, nach einem Mädchen Ausschau zu halten, um sie einmal zu heiraten, denn ich weiß, es wird nicht zu lange dauern, dann wird man entdecken, daß ich Christ bin; dann werde ich verhaftet." Er lehnte sich ein wenig vor und fuhr voller Eifer fort: „Doch mein großes Verlangen ist, daß ich erst einige andere Menschen für Christus gewonnen habe, die dann meinen Platz ausfüllen, ehe man mich entdeckt."

Jene Party-Hyäne aus Hollywood hat keine Ahnung davon, was das Leben eigentlich ist und bedeutet, aber dieser junge Mann wußte es. Kürzlich las ich folgendes Bibelwort: „*Seid standhaft und unerschütterlich, nehmt immer eifriger am Werk des Herrn teil, und denkt daran, daß im Herrn eure Mühe nicht vergeblich ist*" (1. Korinther 15,58). Nicht vergeblich gelebt — darauf kommt es an!

Ich habe in meinem Notizbuch einen Abschnitt, darüber steht „Jünger". Und gleich darunter, auf die erste Zeile dieser Abteilung, habe ich geschrieben: „Vater, bitte: einhundert Jünger während meines Lebens!" Und dahinter: „Vier für jedes Jahr meines Lebens." Das schien mir eine vernünftige Bitte zu sein. Ich war zu der Zeit 50 Jahre alt; dies wäre also von 50 bis 75. Dann würden mir, nach meinem stillen Wunsch, immer noch zehn Jahre gemeinsam mit Ray bleiben.

In den letzten sechs Jahren hatte ich 23 Jüngerinnen. In den ersten Jahren waren es sehr wenige, doch in den letzten Jahren ist die Zahl auf acht pro Jahr gestiegen. Ich hoffe also, wenn der Herr mir weiter Gnade schenkt, daß ich diese einhundert erreichen und für Christus beeinflussen kann, ehe ich sterbe. Und außerdem, wenn ich erst einmal älter bin als 75 und mich fragt jemand nach Jesus, werde ich auch dann Rat und Hilfe nicht verweigern.

An den Anfang meiner Jüngerabteilung habe ich mehrere Bibelstellen geschrieben, die mir im Gebet groß wurden. Eine davon finden wir in Johannes 17,19: *„Ich heilige Mich für sie, damit auch sie in der Wahrheit geheiligt sind."* Auch ich wollte mich dieser Aufgabe weihen und mich mit keinem geringeren Ziel zufrieden geben.

Ich schrieb auch Paulus' Worte auf: *„Ich aber will sehr gern alles aufwenden und mich für euch aufreiben"* (2. Korinther 12,15). Wie großartig ist diese Haltung des Apostels Paulus; und zweifellos haben viele Christen durch die Jahrhunderte hindurch ebenso gedacht und gehandelt. Ich möchte, daß dies auch beständig meine Einstellung ist.

Ich habe eine Liste der 23 Frauen gemacht, die ich bisher als meine Jüngerinnen ansehe. Bei manchen von ihnen habe ich den Anstoß dazu gegeben, vor allem dann, wenn ich sie zu Jesus führen konnte. Ich sage dann zu ihnen: „Wie wäre es, wenn wir uns einmal in der Woche treffen und zusammen die Bibel lesen und beten?" Andere wiederum sind von sich aus zu mir gekommen und haben gefragt: „Würdest du darüber beten, ob ich für einige Zeit unter deiner Anleitung besser lernen kann, eine rechte Jüngerin zu sein?"

In meinem Notizbuch habe ich unter dem jeweiligen Namen das Datum eingetragen, an dem wir uns das erste Mal zum Gebet und Bibelstudium trafen, und auch das Datum, von dem an wir beide glaubten, daß diese liebe Schwester in Christus meine Hilfe in dieser Weise nun nicht mehr benötigte.

Mit den ersten beiden kam ich nicht zum Ziel. Wahrscheinlich war es meine Schuld, weil ich noch keine Erfahrung hatte, wie man aus Neubekehrten rechte Jüngerinnen macht. Ich führte beide zu Christus; und ich glaube heute noch, daß ihre Bekehrungen echt waren. Mit der einen habe ich mich sieben Monate lang jede Woche getroffen, mit der anderen neun Monate. Doch beide wandten sich wegen großer Probleme, die sie mit ihren Männern hatten, wieder von Jesus ab.

Doch ich sah aus Johannes 6,66, daß auch Jesus manche Jünger verlor. So bedeutete dieser Verlust also offensichtlich nicht, daß ich eine totale Versagerin war. Ich fand auch bald weitere liebe Frauen, mit denen ich diese wichtige Aufgabe, die mir so sehr am Herzen liegt, fortsetzen konnte. Wir brauchen also durch Rückschläge nicht den Mut zu verlieren, sondern wollen von unseren Fehlern lernen und weiter mit allem Eifer für Gottes Sache arbeiten.

Die anderen 21 Frauen stehen alle fest in der Nachfolge Jesu. In den ersten Jahren meines Jüngerinnen-Dienstes (1970—1974) dachte ich nicht an feste Beendigungszeiten. Wir trafen uns solange, bis wir beide der Überzeugung waren, die liebe Frau sei nun im Glauben so gefestigt, daß sie ihrerseits selbst beginnen könne, anderen in ihrem Glaubensleben zu helfen und vielleicht auch eine eigene Gebetsgruppe aufzubauen.

Doch in den letzten Jahren hat es sich so ergeben, daß ich jeweils sagte: „Wir wollen für sechs Monate regelmäßig zusammenkommen"; oder „den Sommer über"; oder „von September bis Juni" — so oder ähnlich. Mit einem bestimmten Datum vor Augen kann man auch leichter beginnen. Man muß nicht das Gefühl haben, man wird von einer einzigen Person in eine Lebensaufgabe verstrickt — wie bei einer Ehe. Es soll ja auch wieder Zeit sein für andere, die auch noch unsere Hilfe benötigen. Man kann dann eher, wenn die vereinbarte Zeit zu Ende geht, diese immer noch verlängern, wenn es nötig zu sein scheint. Natürlich ist es viel besser, man kann zum festgelegten Termin die Gebetsgruppe, wie vereinbart, teilen, und jede der Frauen beginnt mit einer eigenen Gruppe. Auf diese Weise wird die Arbeit vervielfältigt. Im vorletzten Jahr kamen wir von September bis Juni als eine Gruppe von acht Frauen zusammen. Bei unserem letzten Treffen machten wir ein Datum für Oktober des nächsten Jahres aus, wenn wir zu einem Mittagessen zusammenkommen wollten, um zu berichten, was sich in der Zwischenzeit getan hatte. Wir acht waren gewachsen auf 51.

Vor einiger Zeit sprach ich in einigen Frauenversammlungen in der Gegend von Washington. Kürzlich erhielt ich einen Brief von dort. Er lautete: „Meine Frage ist einfach: Was tust du und wie tust du es, wenn du anderen Frauen in diesem Jüngerschafts-Dienst hilfst?" Nun, liebe Freundin, ich will dir hier einige Erfahrungen weitergeben, obwohl diese Frage ein wenig der gleicht: „Was tust du, wenn du Kinder aufziehst?" Du folgst einigen Grundregeln, doch dann mußt du deinen eigenen Stil und eigene Methoden finden und dich ganz dafür einsetzen. Du weißt außerdem selbst: Was du mit deinem Leben als Christin bist und das Vorbild, das du gibst, hat einen größeren Einfluß als alles, was du sagst.

Einige Grundregeln: Laß uns damit beginnen, wie wir zusammenkommen. Du kannst solche Gruppen in der Gemeinde nicht nach dem ABC oder nach nahegelegenen Wohnungen usw. unterteilen und dann am Schwarzen Brett aushängen. Hier sollen ja unter Umständen auch einmal bis ins innerste Leben gehende Fragen besprochen werden; und da passen nicht immer alle zusammen. Man kann die Zusammensetzung solcher Gruppen wohl nicht von oben herab (von der Gemeindeleitung — bedenke, ich bin die Frau eines Pastors) bestimmen, wohl aber gut im Auge behalten. Sie müssen von der Wurzel aus wachsen. Menschen, die den Wunsch haben, ein wahrhaft christliches, an der Bibel ausgerichtetes Leben zu führen, sagen zu anderen: „Was meint ihr, wollen wir uns nicht einmal für einige Zeit regelmäßig treffen und manche Fragen besprechen und darüber beten?"

Doch wie finden wir eine Leiterin? Wenn es sich wirklich um ein Jüngerschafts-Anliegen handelt, wird sich das von allein ergeben. Der Jüngerschaftsprozeß ist im Leben jedes Gläubigen ein fortwährender. Du mußt beständig von jemand lernen, der weiter ist als du. Da du aber selbst keine Sackgasse sein willst, mußt du wiederum beständig das, was du weißt, an jemand weitergeben, der noch hinter dir zurück ist. Du sagst jetzt vielleicht, du weißt nicht genug. Wenn alles, was du weißt, Johannes 3,16 ist, dann triff dich mit deiner Nachbarin, die ungläubig ist oder in keine Gemeinde geht, bei einer Tasse Kaffee und erzähle ihr von der Liebe Gottes. Sagt sie dann: „Das war wunderbar. Könnten wir uns nicht wieder treffen?"', dann mußt du eben bis zum nächsten Mal etwas Neues lernen, was du ihr erzählen kannst. So wird es auch für dich immer wieder zu einer feinen neuen Erfahrung.

Außerdem soll eine solche Gruppe ja auch der gegenseitigen Hilfe und Auferbauung dienen. Wir haben fast alle starke und schwache Seiten. So kannst du deiner Mitschwester helfen, wo du stark bist und sie vielleicht gerade schwach, und umgekehrt gilt das ebenso. Wir alle lernen zuerst von Jesus und dann auch voneinander.

Wie oft trifft man sich? Das hängt ganz von den Umständen ab. Ich habe gefunden, daß einmal wöchentlich eine gute Sache sein kann. Doch kenne ich junge Leute, die sich häufiger treffen, und auch Geschäftsleute, die jeden Tag am Telephon mit einem anderen Christen sprechen und auch beten. Es geht ja hier nicht nur um ein Treffen, sondern um eine enge Beziehung zueinander, um Gemeinschaft der Heiligen. Das bedeutet, daß wir 24 Stunden am Tag und sieben Tage in der Woche für den anderen verfügbar sind.

Wie groß ist solch eine Gruppe? Manchmal hat Gott mich so geführt, daß ich mich nur mit einer einzigen Frau traf. Doch gewöhnlich ist die Zeit besser ausgenutzt, wenn mehrere zusammen sind. Zwischen vier und acht Personen ist nach meiner Erfahrung eine gute Gruppe. Über acht kann alles schon einen etwas unpersönlichen Charakter annehmen. Doch man sollte hier beweglich sein und immer den eigentlichen Zweck im Auge behalten. In unserer Gemeinde, der Ray vorsteht, haben wir einige hundert solcher Gruppen und haben die Teilnehmerzahl von vier bis acht als sehr weise gefunden.

Man sollte die Zeit, die man zusammenkommt, gut ausnutzen und wissen, was man will, damit nicht ein bloßer Kaffeeklatsch daraus wird. Bei vier Personen scheinen mir $1^1/_2$—2 Stunden eine gute Zeit zu sein. Bei mehr Teilnehmern kann sich das vielleicht auf etwa $2^1/_2$ Stunden ausdehnen. Natürlich gilt auch hier, daß man beweglich sein muß. Dies sind nur allgemeine Anhaltspunkte. Du solltest aber immer wissen, was du willst, damit du auch zu einem Ziel kommst.

Bedenke: Dies ist kein Bibelstudium; es soll aber Gottes Wort stets mit eingeschlossen sein in die Unterhaltung. Doch für das eigentliche Bibelstudium sind die Versammlungen in der Gemeinde da.

Es ist auch keine Gebetsstunde. Doch ohne Gebet sollte solch eine Zusammenkunft niemals sein. Manchmal mehr, manchmal weniger. Auch hier solltest du beweglich bleiben, damit nichts einen starren Rahmen bekommt.

Das ist auch kein Lobpreis-Gottesdienst; doch sollte stille Zeit genug bleiben, um Gott anzubeten. Immer, wenn wir uns in Jesu Namen versammeln, braucht es Zeit, um uns auf Ihn zu konzentrieren.

Schon gar nicht handelt es sich um eine psychologische Sensitivity-Gruppe, wo man fortwährend einander sein Versagen und auch alte Schuld bekennt und darin herumwühlt. Doch muß Zeit bleiben, über Probleme und Nöte, die die eine oder andere Teilnehmerin bewegen, zu sprechen. Aber es sollte nicht dahin kommen, daß man die ganze Zeit über nur Probleme wälzt. Damit wird niemand weitergeführt. Dazu muß vielmehr der Sieg Jesu großgemacht werden.

Manche Menschen haben Angst vor kleinen Gruppen, weil sie glauben, sie werden hier in ein Sündenbekenntnis-Schema hineingezwungen. Meine Liebe, das wäre auch nichts für mich. Wozu soll ich gewaschene Wäsche immer wieder waschen. Da kannst du nicht mit mir rechnen. Und doch hört man immer wieder, daß sich solche Dinge entwickeln. Doch dem sollte man sich ganz energisch widersetzen. Diese Gruppen sollen dazu dienen, daß wir uns gegenseitig im Glauben auferbauen, nicht aber, um in Dingen herumzuwühlen, die Jesus uns, wenn wir Gotteskinder sind, längst vergeben hat.

Noch etwas sehr Wichtiges: In der Gruppe muß man einander vertrauen und aufeinander zählen können. Wir müssen füreinander Verantwortung tragen. Deshalb erkundigt man sich auch danach, wie es der anderen Schwester geht und ist selbst offen. Das bindet zusammen und fördert unser Wachstum.

Noch eine Frage: Sollten Frauen und Männer zusammen in

einer solchen Gruppe sein? Es wäre nicht weise, wenn es um das Anliegen der Jüngerschaftsarbeit geht. Titus 2,3-5 zum Beispiel sagt, die älteren Frauen (ich meine, es geht hier vor allem um geistlich reife und ältere) sollen „. . . *die jungen Frauen dazu anhalten können, ihre Männer und Kinder zu lieben, besonnen zu sein, ehrbar, häuslich, gütig und ihren Männern gehorsam, damit das Wort Gottes nicht in Verruf kommt."* Siehst du an diesem Bibelwort, was ich meine? Eine solche Sache ist nicht eine Bibelklasse, obwohl auch diese nötig ist, sondern es ist praktische Lebenserfahrung gemessen am Wort Gottes, die man miteinander teilt.

Gerade hier zeigt es sich auch, warum es nicht gut ist, daß beide Geschlechter gemeinsam an solchen Gruppen teilnehmen. Unsere Männer berichten uns, wenn sie als Brüder zusammenkommen und voneinander lernen, wie sie ihre Frauen besser lieben und führen können, würden sie sich doch sehr gehemmt fühlen, säße auch ihre Gattin mit dabei. Umgekehrt stimmt es ganz genauso: Frauen, die über weibliche Probleme zu sprechen haben, sind dabei gern unter sich, um sich dabei freier zu fühlen. Doch ich versuche immer, verheiratete und alleinstehende Frauen in meinen Gruppen gemeinsam zu haben, da beide einander brauchen und sich bereichern und ergänzen können.

Gruppen aus Ehepaaren dienen einem anderen Zweck, aber auch sie sind wunderbar. Ray und ich sind jeden Donnerstagabend mit vier anderen Ehepaaren beisammen; und diese Stunden sind uns sehr kostbar. Wir haben uns bei unseren Problemen geholfen, gemeinsam für die Kinder gebetet und gefastet, haben gemeinsame Ausflüge unternommen und haben schon in vielen schwierigen Situationen erlebt, daß wir uns aufeinander verlassen können. Diese gegenseitige Verbindung spricht lauter als Worte.

Liebe christliche Freundin, wenn dein Leben auf Erden einmal vorüber ist, was wird es dann gewesen sein? Für was wirst du beurteilt und gerichtet werden? Wenn ich früher 1. Korinther 3 las, dachte ich immer, daß die ganze Sache mit dem Holz, Stroh und Stoppeln auf der einen Seite und dem Gold, Silber und Edelsteinen auf der anderen sich auf die Qualität unseres Lebens beziehen würde, wie wir hier gelebt haben und dann dafür gerichtet werden. Doch dann erkannte ich, in welchem Zusammenhang diese Verse stehen. Paulus spricht hier von sich selbst und von Apollos. In Vers 9 sagt er: Apollos und ich *„wir sind Gottes Mitarbeiter; ihr seid Gottes Ackerfeld, Gottes Bau."*

Dann zeigt er uns in den folgenden Versen, daß Christus das Fundament dieses Baus gelegt hat, und daß Menschen auf diesem Fundament die Gemeinde aufbauen, den lebendigen Tempel Gottes. Jeder Mensch, den sie zur Gemeinde bringen, ist ein Stein mehr in diesem Gebäude. Doch sie werden gerichtet nach der Qualität der Steine, die sie herzugebracht haben, nach dem, *„was das Werk eines jeden taugt"* (Vers 13).

Die Menschen, die wir zu Christus führen durften und die durch unsere Hilfe und unser Vorbild im Glauben gewachsen und gereift sind, so daß sie im Feuer Gottes bestehen können, sind unser Werk hier auf Erden, das dann seine Feuerprobe auch bestanden hat; und danach werden wir gerichtet, gelobt oder getadelt werden von unserem Herrn, wenn wir einmal vor Ihm stehen. Dann wird sich erweisen, was wir in unserem Leben für die Ewigkeit gewirkt haben. Deshalb sei treu in der Liebe, in der Belehrung und der Zuwendung zu deinen Mitmenschen, damit dein Werk bestehen kann.

Doch ich muß dir noch eine Geschichte erzählen: Nummer 16 auf meiner Jünger-Liste ist der einzige männliche Name dort. Er heißt: Nels Ortlund. Hinter seinem Namen steht als Anfangsdatum der 27. Mai 1975 und noch kein Enddatum.

Ich kann gar nicht beschreiben, wieviel Freude uns dieser kleine elfjährige Sohn macht. Der kleine Bursche ist äußerst aufgeweckt und energisch — überall vorn dabei. Bei seiner letzten ärztlichen Routineuntersuchung erledigte die Schwester die üblichen Anfangsdinge wie Wiegen, Messen usw. und stellte dabei die gewohnten Fragen.

„Wie schläft er?" fragte sie.

„Ich schlafe sehr gut", mischte Nels sich ein. Sie schrieb es nieder.

„Frau Ortlund, wie ist sein Appetit?"

„Ich esse alles", sagte Nels. Sie schrieb es auf.

„Frau Ortlund", fragte sie wieder, „wie ist sein Stuhlgang?"

Nels war wieder der erste: „Ich — ah — oh — hm . . .", sagte er.

Die Schwester mußte sich, bis sie den Raum verließ, sehr bemühen, nicht laut zu lachen. Du siehst, das ist unser Nels. Aber das war eigentlich nicht die Geschichte, die ich erzählen wollte.

Am Abend des letzten 26. Mai hat sich Nels sehr, sehr schlecht benommen. Er bekam von mir Schläge, und von Ray bekam er auch noch Prügel. Ich weinte, Ray weinte, und Nels weinte. Es war die Krise seines zehn Jahre alten Lebens. Als er endlich im Bett lag und wir die Tür hinter ihm schlossen, konnten wir ihn immer noch weinen hören. Laut betete er dabei: „Gott, ich weiß nicht, warum ich so böse war. Aber ich will es niemals wieder tun, nie, nie!"

Am nächsten Tag kam er zu mir und sagte: „Mutter, du hilfst all diesen Frauen und belehrst sie, damit sie rechte Jüngerinnen Jesu werden; willst du das auch mit mir tun?"

Welch ein zarter Augenblick war das. Wir gingen gemeinsam und kauften für ihn ein großes Notizbuch — so wie das meine. Dann beschlossen wir, uns täglich beim Frühstück zusammenzusetzen. (Ray ist zum Frühstück immer schon zu irgendeinem Besuch oder anderem Dienst unterwegs.) Wir begannen damit, das Buch Daniel zu lesen. Das ist die Geschichte eines wirklich männlichen und tapferen jungen Burschen, der es wagte, ganz allein und gegen viele Widerstände für Gott einzustehen, der jeden Tag betete, die Gebote Gottes beachtete usw.

Ich erklärte ihm meine Ziele und bat ihn, dafür zu beten und mir dabei zu helfen; und er beschloß, auch vier Ziele aufzuschreiben, bei denen ich ihm helfen und für ihn beten sollte. Am 15. Oktober, seinem Geburtstag, hatte er aufgeschrieben:

1. Sein Temperament zügeln zu können.
2. In der nächstjährigen Sommerfreizeit neue Freunde kennenzulernen.
3. Zu diesem Zeitpunkt auch das Buch Daniel richtig zu
   kennen.
4. Jeden Tag einiges Gemüse und einige Früchte zu essen. (Er
   nennt das seine „Daniel-Diät".)

Er gibt sich seitdem wirklich viel Mühe und macht große Fortschritte.

Daran habe ich gelernt, in unseren Kindern nicht mehr nur
einfach unsere Kinder zu sehen, sondern Menschen, die auch zu
Jüngern Christi werden müssen. Sehen wir sie nur als unsere
Kinder, werden sich unsere Sorgen auf das beschränken, worüber sich auch ungläubige Eltern für ihre Kinder Sorgen machen — auf Ernährung und Kleidung, auf die rechten Schulen,
die rechte Ausbildung und den richtigen Lebensgefährten. Doch
wenn wir in ihnen auch Jünger sehen, werden wir in den kostbaren Jahren, in denen sie bei uns sind, alles tun, um sie in dem
zu unterweisen, was wir von Jesus gelernt haben.

Wir haben so wunderbare Kinder gar nicht verdient; und
gewiß haben wir bei der Erziehung auch manchen Fehler gemacht. Doch wir wollen uns bemühen, sie in all dem zu beleh-
ren, was wir von Jesus gelernt haben.

10. Kapitel

Dein Leben in der Öffentlichkeit

Es gibt zwei Arten von Persönlichkeiten in dieser Welt; du gehörst zu einer von beiden. Andere Menschen können erkennen, zu welcher du gehörst, sobald du einen Raum betrittst. Die Haltung der einen Gruppe ist: „Hier bin ich!" und die der anderen: „Hier seid ihr!" Zu welcher Gruppe gehörst du?

Laßt uns einmal kurz zusammenfassen, was wir bisher sagten: Im Zentrum unseres Lebens muß Gott wohnen in Jesus Christus durch den Heiligen Geist. Dort werden alle ewigen und entscheidenden Dinge deines Lebens entschieden, und du kannst, wenn es so ist, beginnen, von innen nach außen zu leben.

Deine Persönlichkeit ist ebenfalls ein Teil dieses Zentrums; dein Körper ist das Fleisch, die äußere Hülle, die dieses Zentrum umgibt. Welch fantastischer Gedanke! Deshalb ist auch dein äußeres Aussehen wichtig, weil es deinen inneren Menschen und auch Gott, der ja in dir wohnt, repräsentiert.

Deine Lebensziele bestimmen den Weg deines Lebens, wohin du gehen willst, natürlich unter dem Willen und Plan Gottes. Deine Jahresziele oder andere kurzzeitigere Ziele helfen dir immer wieder, auf dem richtigen Weg zu bleiben oder die Richtung zu korrigieren, wenn sie einmal nicht mehr ganz stimmt.

Deine täglichen Ziele und Pläne bestimmen dich immer wieder, die großen Ziele zu erreichen, und halten dein Leben in der notwendigen Ordnung, so daß du das große Ziel, die Herrlichkeit bei Gott und den Lohn, der dort für dich bereit liegt, nicht versäumst. All diese Ziele und Pläne brauchen Zeit im Gebet und in der Bibel und zum Planen; und dieser Teil deiner Zeit ist ein Stück deines privaten Lebens.

Doch nun trittst du hinaus aus deinem ganz persönlichen Bereich, aus dem inneren und aus dem äußeren, wie dein Schlafzimmer, Bad, deine Schränke, deine Küche usw. — auch dein Arbeitstisch und dein Notizbuch gehören noch zu diesem privaten Bereich.

Innerhalb dieses engen Kreises begegnest du auch schon Menschen: deinem Gatten, deinen Kindern oder deiner Freundin, mit der du die Wohnung teilst, wenn du nicht verheiratet bist — und vielleicht noch anderen. Es gibt ja genug Bücher über das richtige Eheleben, über gute christliche Beziehungen zu deinen nächsten Mitmenschen, über christliche Kindererziehung usw. Deshalb will ich hier dazu nichts weiter sagen. Dieses Buch ist hauptsächlich dazu bestimmt, sich mit der einen Sache auseinanderzusetzen, die du dein ganzes Erwachsenenleben hindurch bist: eine Frau!

Als Frau ist es dein Ziel im Blick auf die Ewigkeit, andere zu beeinflussen, sie durch Jesus Christus zu Gott zu führen. Deine zeitliche Aufgabe ist es, deine Familienangehörigen, solange du sie hast, ebenfalls zu Gott zu führen und sie zu beeinflussen, für Jesus Christus zu leben. Deine Lebensaufgabe ist es, mindestens von deiner Bekehrung an, ganz gleich, ob du verheiratet bist oder alleinstehend, alle Menschen, die du erreichen kannst, mit allen dir zur Verfügung stehenden Möglichkeiten zu beeinflussen, ihnen zu helfen, daß auch sie kostbares Material — Gold, Silber, Edelsteine — werden zum Bau jenes großartigen ewigen und lebendigen Tempels Gottes, der Gemeinde Jesu Christi.

Die Möglichkeiten und Mittel und Wege, die du dabei verwendest, sind so verschieden wie Gottes kreative Macht, die unendlich ist. Er hat keine Stanzmaschine, mit der Er Menschen immer nach der gleichen Schablone herstellt. Sie sind alle verschieden — und bleiben es auch, wenn sie sich bekehren und Christen werden.

Nun begeben wir uns vom Zentrum aus zu den Rändern unseres Lebens und treten hinaus in die Öffentlichkeit. Je mehr unser inneres Leben auf Gott konzentriert ist, um so nachhaltiger und kraftvoller wird auch unser Auftreten in der Öffentlichkeit sein. Als du die Kapitelüberschrift gelesen hast, dachtest du vielleicht: „Ich habe gar kein öffentliches Leben." Doch du hast ganz gewiß eines. Über den engsten Kreis deines Lebens hinaus kommst du mit mehr Menschen in Berührung, als du selbst glaubst. Wer kennt dich? Und wen kennst du? Da sind viele Menschen in deiner Nachbarschaft, in der Gemeinde, zu der du gehörst, im Berufsleben, dort, wo du einkaufen gehst usw. Du kommst mit all diesen Menschen in Berührung. Kannst du sie für Jesus beeinflussen?

Gehe nun hinaus zur Tür deines Hauses oder deiner Wohnung zu deinem Arbeitsplatz oder dorthin, wo deine Aufgaben sind und sage: „Hier seid ihr! Hier seid ihr alle, ihr kostbaren Menschen, mit euren Gefühlen und euren Nöten, euren Freuden und Problemen. Wer von euch ist heute bereit, mein Zeugnis von der Rettermacht Jesu anzuhören und sich zu Gott führen zu lassen?"

Laß mich ein Beispiel erzählen, wie dies geschehen sollte. Ich kenne eine liebe Frau, die auf Hawaii wohnt. Sie bindet an jedem Sonntagmorgen eine Anzahl Blumenkränze, und zwar für niemand bestimmtes. Dann kommt sie zum Gottesdienst und betet: „Herr, wer benötigt heute morgen wohl einen meiner Kränze? Ein Besucher, der das erste Mal zu uns kommt? Jemand, der sehr entmutigt ist und eine kleine Aufmunterung nötig hat? Führe mich zu den richtigen Personen, Herr."

Siehst du, so solltest du als Christin in das öffentliche Leben hinaustreten und sagen: „Hier seid ihr ja!"

Dein öffentliches Leben sollte aus deinem Privatleben erwachsen; es sollte nur der äußere Teil deines inneren Lebens sein, nicht etwa ein ganz anderes — sei keine Heuchlerin, die nach außen vorgeben muß, was sie innerlich gar nicht ist. Denke daran, du bist eine Christin und repräsentierst also Jesus Christus. Das macht dein äußeres Auftreten so wichtig. Halte immer den Kopf oben, wie es Psalm 3,4 sagt. Nicht weil du stolz bist, sondern weil du weißt, daß du Gott auf deiner Seite hast. Aber nimm auch immer das richtige Schampun, damit du nicht mit Lockenwicklern im Haar zum Einkaufen gehen mußt. Bezeuge deiner Freundin, mit der du verabredet bist, die nötige Achtung, indem du ordentlich und elegant aussiehst, wie eine Repräsentantin Gottes. Gideon war durch sein Aussehen und seine Kleidung bekannt als ein Führer unter den Menschen (Richter 8,18). So sollte es auch bei dir sein.

Sieh nach Qualität aus — und denke in Qualität! Es wird in deinem Gesicht zu lesen sein, ob du dem Wort aus Philipper 4,8 gehorchst und deine Gedanken bei all dem sein läßt, was *,,wahrhaft, edel, recht, was lauter, liebenswert, ansprechend ist, was Tugend heißt und lobenswert ist".* Es wird dir helfen, die reizende und respektierte Frau zu sein, die du gern sein möchtest, weil dann dein Auftreten in der Öffentlichkeit aus deinem inneren Leben in der Gegenwart Gottes erwächst. Bist du auf der Straße oder sonst in der Öffentlichkeit, bleibe in der ständigen Gebetsverbindung mit Gott. ,,Herr, segne den Mann, der mir entgegenkommt. Vater, hilf mir, eine gute und aufmerksame Autofahrerin zu sein. Herr, ich liebe Dich . . ." Halte dich selbst in der rechten Disziplin und nimm all dein *,,Denken gefangen, so daß es Christus gehorcht"* (2. Korinther 10,5).

Sieh nach Qualität aus, denke in Qualität — und rede Qualität! Es macht mich ängstlich, wie oft im Neuen Testament von Frauen gesprochen wird, die Probleme mit ihrer Zunge, mit ihrem Reden haben. Es gibt ja in der heutigen Zeit, wo die Emanzipation der Frau großgeschrieben wird, unheimlich viele Bücher über dieses Thema. Aber vielleicht darf ich dich, und auch mich selbst, doch wieder einmal daran erinnern, daß es Eva war, die als erste sündigte, nicht Adam (1. Timotheus 2,14), so sagt es uns die Bibel. Deshalb sollten wir auch bei dem, was wir sagen, sorgfältig und achtsam sein.

Hast du an deiner Arbeitsstelle einen Chef über dir? Dann bringe ihm die nötige Achtung entgegen, welche die Bibel fordert (1. Petrus 3,13-21).

Gibt es Menschen, deren Chefin du bist? Dann sei ihnen in der fraulichsten Weise eine gute und korrekte Vorgesetzte. Gott will dir alles geben, was du brauchst, um weise zu sein und energisch und fest, um mit deinen Mitarbeitern mit Autorität umzugehen und doch, wie Teddy Roosevelt, sanft und freundlich mit ihnen zu reden.

Übrigens, was unser Reden angeht: Dir ist doch wohl klar, liebe Freundin, daß es auf dem Gebiet des Humors auch Witze gibt, die für eine Christin jenseits ihrer Grenze liegen, und wo sie sich nur schweigend und ohne eine Miene zu verziehen abwenden kann. Wenn es die Umstände erlauben, kann sie auch ihre ablehnende Haltung dazu zum Ausdruck bringen und erklären. Aber das wird bei solchen Gelegenheiten meist nicht möglich sein.

Bete beständig: „Herr, stelle eine Wache vor meine Gedanken und vor meinen Mund, damit ich mit meinen Gedanken und vor allem mit dem, was ich rede, Dir allzeit Ehre mache."

Sieh nach Qualität aus, denke in Qualität, rede in Qualität — und laß nur Qualität auf dich einwirken. Suche dir für dein Leben die rechten Freunde und die rechte Unterhaltung aus. Gib acht auf das, womit du deinen Geist und deine Seele fütterst. Die Komputer-Experten sagen: „Gib Unsinn ein, und es kommt Unsinn heraus!" Welche Bücher liest du? Welche Fernsehsendungen siehst du dir an? Welche Unterhaltungen pflegst du? Redest du gern über die Fehler deiner Mitmenschen? Sind deine Gespräche gar zweideutig oder schmutzig? Wie sehen die Zeitschriften aus, die du liest? Gewöhne dich nicht an den verrotteten und verderbten Abfall der sogenannten menschlichen Kultur. Wenn du dich solchem Unrat aussetzt, mußt du dich nicht wundern, wenn dein Wesen bald davon beeinflußt wird und es auch sehr bald wieder aus dir herauskommt. Sehr bald wirst du dann nach diesem verfaulten Unrat riechen.

Es mag ab und zu einmal vorkommen, daß du in eine solche

Situation gerätst, obwohl du sie dir nicht selbst ausgesucht hast. Das ist wohl in dieser Welt, die so voller Schmutz und Unheil und Verdorbenem ist, nicht zu verhindern. Doch dann verschließe vor diesem Unrat deine Seele und deinen Geist, und gehe ihm allezeit soweit wie möglich aus dem Weg.

Eine Möglichkeit, dem Schmutz und Unrat im öffentlichen Leben soweit wie möglich zu entgehen, ist die, daß du dir nur Freunde aussuchst, die ebenfalls Christen sind, ihr Leben nach dem Willen Gottes ausrichten und nach dem fragen, was edel ist, lauter, eine Tugend und lobenswert.

Ray und ich gingen einmal zu einem großartigen Abendessen. Dave und Jackie, der Hausherr und seine Frau, wohnen in einem eleganten Haus. Wir hatten uns also auch entsprechend gekleidet. Alle Eingeladenen waren vorher informiert worden, daß die gesamte Unterhaltung an diesem Abend Gott irgendwie ehren mußte. Der ganze Abend wurde fröhlich und wirklich unterhaltsam. Woran ich mich aber noch am meisten erinnere, war, wie Jackie von ihrer ersten Woche nach ihrer Bekehrung erzählte — von ihrem eifrigen Bibellesen, wovon sie vieles falsch und manches gar nicht verstand, dabei war sie zu jener Zeit noch Kettenraucherin, ehe Gott sie davon befreite; von ihren ersten begeisterten Versuchen, anderen von den Wahrheiten der Bibel zu erzählen, und wie ungeschickt sie dabei war; von ihren Tränen, wenn etwas mißlungen war. Wir lachten, daß uns die Tränen über die Wangen liefen; wir weinten Tränen des Mitgefühls — und bei allem wurden wir erbaut und ermutigt.

Die Bibel hat viel darüber zu sagen, wie wir uns in der Familie der wiedergeborenen Kinder Gottes bewegen sollen. 1. Timotheus 5,1.2 sagt: *„Einen älteren Mann sollst du nicht grob behandeln, sondern ihm zureden wie einem Vater. Mit jüngeren Männern rede wie mit Brüdern, mit älteren Frauen wie mit Müttern, mit jüngeren wie mit Schwestern, in aller Zurückhaltung."* (Paulus schrieb hier an einen Mann.) Und in 1. Petrus 3,8: *„Endlich aber: seid alle eines Sinnes, voll Mitgefühl und brüderlicher Liebe, seid barmherzig und demütig."*

Von irgendeiner Art Flirt ist hier nicht die Rede. Die Beziehung zwischen geistlichen Brüdern und Schwestern in Christus mag kostbar und tiefgehend sein, doch der Heilige Geist führt nur zu allem, was positiv und ermutigend ist, ohne daß Christen irgendwie weiter gehen. Die Liebe unter den Gliedern des Leibes Christi ist mitfühlende Liebe, nicht sexuelle. Bist du eine verheiratete Frau, dann ist deine Liebe nicht eifersüchtig und läßt sich nicht zum Zorn reizen (1. Korinther 13,4.5); bist du unverheiratet, dann handelt deine Liebe „nicht ungehörig" (1. Korinther 13,5).

Es ist für eine unverheiratete Frau nicht recht, sexuelle Abenteuer zu suchen. Bist du unverheiratet, liebe Freundin, dann wird dir Gott entweder die Kraft geben, dein sexuelles Verlangen zu kontrollieren, oder er wird es so führen, daß du einem Mann begegnest, der dein Ehemann wird.

Bist du verheiratet, dann erfreue dich mit deinem Gatten an einem regelmäßigen Sexualleben. Dein Körper gehört nicht dir, sagt die Bibel, sondern deinem Gatten. Ich sage dies als eine Frau, die ihren Mann tief und voller Freude liebt und die weiß, daß sie auch von ihm geliebt wird. Warum sollte es anders sein?

Doch wir beide müssen immer so weit voneinander los sein, daß der Tod des einen den anderen nicht zerbrechen würde. Mein Leben ist Christus, nicht Ray. In Gottes Hand habe ich mich mit allem was ich bin gelegt. Er kann geben, und Er kann wieder nehmen; in allem werde Sein Name verherrlicht. Gott will den Geist und die Seele jedes Menschen in perfektem Frieden halten, der völlig in Ihm ruht, und in nichts und niemand anders.

Noch ein Letztes ist über dein öffentliches Leben zu sagen: Laß es sehr öffentlich sein! Du hast beschlossen, andere Menschen zu Christus zu führen, deshalb komme ihnen auch entgegen mit der Liebe, die Gott dir für diese Menschen schenkt. Versuche, sie mit deiner Freundlichkeit und Offenheit zu erreichen.

Was nun deine Brüder und Schwestern in Christus angeht, so solltest du ihnen mit der ganzen Liebe und Wärme Jesu begegnen. Von den ersten Christen sagten die anderen Menschen: „Seht, wie sie sich untereinander lieben." Und was die Ungläubigen angeht — deine Wärme, dein Lächeln mag bei ihnen Tore öffnen, durch die sie zu Christus gezogen werden.

„Hier seid ihr", sage zur Öffentlichkeit um dich herum. „Gott liebt euch, und ich liebe euch. Was kann ich heute für euch tun?" Und von diesem wohlbehüteten und kostbaren Zentrum deines Lebens aus wird sich der Kreis vergrößern . . . und vergrößern . . . und vergrößern . . .

11. Kapitel

Dein Schreib- oder Arbeitstisch

Deinen Schreibtisch und dein Notizbuch habe ich mir für den letzten Teil dieses Buches aufgehoben. Es sind einfach nur zwei Hilfen, unser Leben geordneter und effektiver zu machen; sozusagen ein rosa Bändchen, mit dem wir das Paket zusammenhalten.

Unsere grundsätzlichen Lebensanschauungen müssen die richtigen sein und zuerst kommen. Dann sind wir soweit, uns nach den Werkzeugen umzusehen, mit denen wir diese Anschauungen in die Praxis umsetzen.

Mein Schreibtisch ist wie ich — er ist immer noch im Werden. Ich träume von einem sehr hübschen, mit zur Seite hin an der Wand angebauten Regalen und Fächern. Er soll sehr praktisch und sehr feminin sein, aber das Feminine (das Weibliche) soll ein wenig das Übergewicht haben. Na — es wird noch werden, für jetzt steht er noch nicht auf dem Finanzplan.

In der Zwischenzeit gebe ich mich mit zwei niedrigen Doppelaktenschränken mit ausziehbaren Schubfächern zufrieden, die ein wenig auseinander stehen und über die ein Türblatt gelegt ist. Dahinter steht ein Schreibsessel mit Lehne. Der provisorische Schreibtisch und der Sessel sind einheitlich in leichtem Blauton angestrichen. Ach ja — mein Schreibtisch steht in einer hellen und freundlichen Ecke unseres Schlafzimmers.

107

Über dem Schreibtisch hängt eine große Fotografie von Ray, und darunter ein Wandspruch mit dem Psalmwort: *„Verherrlicht mit mir den Herrn, laßt uns gemeinsam Seinen Namen rühmen"* (Psalm 34,4).

Auf dem Schreibtisch befindet sich das Telefon, mein Terminkalender und einige Erinnerungsstücke. Ein Wochenübersichts-Notizbuch liegt griffbereit, immer aufgeschlagen an dem Tag, den wir gerade haben. Eingetragen sind darin meine Verabredungen für die Woche und wichtige Telefonnummern. Sobald ich eine Verabredung treffe, wird sie in diesem Wochenübersichts-Notizbuch eingetragen. Findet sie erst später statt, wird sie in meinen großen Terminkalender übertragen, und zwar unter der „Zu-tun-Rubrik". Zur richtigen Zeit kommt sie auch in mein Notizbuch, das ich immer bei mir trage.

In einigen weißen Ablagekästen befinden sich Schreibpapier, Umschläge, Postkarten und Briefmarken. In einem kleinen Buchständer stehen einige Bibeln, ein Wörterbuch und einige Bücher, in denen ich gerade lese. In einer weißen Onyx-Schale, ein Geschenk meiner Freundin, liegen Büroklammern und Ringgummis. In einem Schreibtischcontainer mit mehreren Fächern ist Platz für Bleistifte, Kugelschreiber usw. An den beiden großen Lampen hänge ich besonders, denn sie stammen noch aus der Zeit unseres armen Ehebeginns.

Im linken Aktenschrank befinden sich die Originalmanuskripte der Bücher, die Ray und ich geschrieben haben, außerdem Ordner, in denen wir Material für weitere Bücher sammeln. In einem anderen Fach sind all die Dinge, die mit unseren finanziellen Angelegenheiten zu tun haben, und eine kleine Kartei mit all den Adressen, an die wir zu Weihnachten eine Grußkarte senden. Außerdem ist links noch Raum für Schreibmaschinenpapier, Notenpapier und Notiztäfelchen.

Im rechten Aktenschrank findet sich die Korrespondenz mit meinem Verlag, alle Copyright-Unterlagen und Kopien meiner veröffentlichten und unveröffentlichten Lieder. Dieses Schubfach ist zu voll und muß bald wieder einmal geordnet werden.

In einem anderen Schubfach habe ich einen ABC-Ordner.

Dort hinein kommen alle Dinge, die ich im Augenblick nicht benötige; nur damit ich sie, wenn sie gebraucht werden, auch wiederfinde. Ich lege alles unter einem Buchstaben ab, der mir zu der betreffenden Sache besonders einfällt. So kann ich immer finden, was nötig ist. Muß ich zu einem bestimmten Termin an eines dieser Dinge erinnert werden, mache ich eine Eintragung in meinem Notizbuch unter diesem Tag.

Dann habe ich da noch einen anderen von A-Z-Ordner für meine eigenen Bibelstudien- oder Predigtnotizen. Die ordne ich zum Beispiel unter „B" für Bibel, unter „F" für Familie usw. Einen weiteren solchen Ordner habe ich nach den Büchern der Bibel angelegt und lege dort alle Notizen und Unterlagen hinein, die jeweils mit dem betreffenden Buch zu tun haben.

Wenn wir so tüchtige Frauen sein wollen, wie die Bibel sie beschreibt, dann sollten wir auch in den äußeren Dingen unseres Lebens Ordnung haben, denn das hilft uns Zeit zu sparen und unser Leben viel nutzbringender zu gestalten. Vor allem sollte jede von uns sich geordnetes Bibelstudienmaterial anlegen, denn wenn du andere Menschen für Jesus erreichen willst, dann mußt du selbst in der Bibel Bescheid wissen. Der Befehl des Herrn an uns lautete: „Macht sie zu Jüngern und lehrt sie alles halten, was Ich euch gelehrt habe."

Ganz gewiß wird dein Schreib- oder Arbeitstisch, ob er nun groß oder klein ist, anders aussehen als meiner, liebe Freundin. Du mußt vielleicht ganz andere Dinge aufheben und ordnen als ich; hast vielleicht mehr oder weniger Raum zur Verfügung und mußt deshalb nach einem anderen System vorgehen. Dein Tisch muß für dich arbeiten, mache ihn zu deinem Freund. Sollten dabei meine Methoden eine kleine Hilfe sein, so wird es mich freuen. Aber halte ihn stets so in Ordnung, daß er dir jederzeit zu Diensten steht. Laß ihn auch hübsch aussehen und feminin.

Doch was am wichtigsten ist: Mache ihn zu einem Werkzeug, das dir hilft, dein Leben im Gehorsam zu Gott und im Erreichen noch vieler Menschen für Jesus noch wirksamer zu gestalten.

12. Kapitel

Dein Notizbuch

Letztes Jahr war ich zu einer, nur einen Tag dauernden, Kurz-
freizeit eingeladen und sprach dort am Nachmittag vor etwa 150
Frauen darüber, eine wie große Hilfe ein Notizbuch für sie sein
könnte. Noch am Abend stellte ich fest, daß mir die Nachfüllbo-
gen für mein eigenes Notizbuch ausgegangen waren. Deshalb
ging ich am nächsten Morgen, ehe ich wieder heimfuhr, in das
einzige Papierwarengeschäft, das es am Ort gab.

„Ich habe keins mehr", sagte der Besitzer. „Ich weiß auch
nicht, was los ist. Gestern gegen Abend und heute morgen hat
es einen Ansturm darauf gegeben, daß es geradezu unglaublich
ist. Und nicht nur das Nachfüllpapier, sondern auch die Ordner
zum Einheften der Seiten, die Kalenderseiten, die Aufteiler
dazu . . . einfach alles." Er kratzte sich kopfschüttelnd hinter
dem Ohr.

„Na ja", grinste ich, „Sie sollten Ihre Bestände eben besser
planen."

Und laufend kommen Briefe zu mir:

„Seit jener Versammlung mit dir habe ich mir ein Notizbuch
angeschafft . . ."

„Dein Vorschlag, ein Notizbuch zu führen, war eine große
Hilfe für mich . . ."

„Ich habe mir ein Notizbuch zugelegt und kann gar nicht
mehr begreifen, wie ich so lange ohne ein solches fertiggewor-
den bin . . ."

111

Überall, wo ich hinkomme, eilen feine Frauen auf mich zu, umarmen mich und zeigen mir ihre Notizbücher. Die Brünetten haben meist solche mit schwarzem Einband, die Rothaarigen tragen gewöhnlich braune mit sich herum, und die Blondinen marineblaue. Irgendwo haben sie mich über dieses Thema sprechen hören.

Auch ich wundere mich darüber, wie ich so lange ohne ein Notizbuch ausgekommen bin und schüttle über mich selbst den Kopf. Als ich mir mein erstes Notizbuch zulegte und in verschiedene Abschnitte unterteilte, hat mich niemand dazu angeregt. (Es war ein kleines Ringbuch, in das ich nach Belieben Blätter einheften und wieder herausreißen kann; so ist es heute noch.) Ich habe es damals nicht gekauft, um etwas großartig Neues in meinem Leben zu beginnen, sondern kann mich gar nicht einmal mehr daran erinnern, auf welche Weise ich in seinen Besitz kam.

In den Monaten, die folgten, begann ich, mich mit meinen Terminen und meiner Zeiteinteilung immer mehr auf dieses Buch zu verlassen. Da es ungefähr die Größe meiner Bibel hatte, die ich immer bei mir trage, konnte ich es ebenfalls noch leicht in meiner Handtasche unterbringen.

Nachdem ich mehrere Jahre buchstäblich nach meinem Notizbuch gelebt hatte und es nicht mehr vermissen mochte, begann ich zögernd — sehr zögernd —, auf der einen oder anderen Konferenz, wo ich zu Frauen sprach, einmal etwas davon zu erwähnen. Whummm! — das Resultat war wie eine Bombenexplosion. Viele meiner Zuhörerinnen erklärten mir, sie würden sich schnellstens ebenfalls eins zulegen. Nun begann ich öfter davon zu reden. Und von überall hörte ich: Es hat mir wirklich viel geholfen und meinen Tagesablauf verändert.

Ich habe ja bereits erwähnt, wie zögernd ich mich bereit fand, andere Frauen in meine Notizen schauen zu lassen, denn das war ja fast so, als ließe ich sie in mein intimes Leben blicken. Was gingen andere meine Bibelstudien mit unserem Nels an oder der Inhalt meines Kleiderschranks? In der ersten Zeit sagte ich wohl auch noch auf Konferenzen: „Was ich jetzt sage, ist aus meinem sehr persönlichen Leben. Ich würde sehr dankbar sein, wenn die Geräte, mit denen ihr meinen Vortrag aufnehmt, jetzt abgeschaltet würden." Doch als ich bemerkte, welch große Hilfe und wieviel Segen ich dadurch verbreiten konnte, sagte ich zum Herrn: „Nun gut, dann will ich das Opfer bringen und mein persönliches Leben vor ihnen ausbreiten." Ich ließ meine Zuhörerinnen also auch das aufnehmen. Und nun bin ich sogar dabei, es in ein Buch zu schreiben.

Wenn ich dir nun einiges von dem erzähle, was in meinem Notizbuch steht, dann vergiß nicht, daß deines anders sein wird. Ich berichte dir von meinem, um dir Anregungen zu geben; denn dein Notizbuch wird natürlich dein persönliches Leben widerspiegeln.

Der erste Abschnitt meines Notizbuches besteht aus den Kalenderseiten, die ich am Ende eines jeden Tages herausreiße. Wenn ich also mein Notizbuch aufklappe, blicke ich immer auf den jeweils heutigen Tag. Die Seiten dieser Tage, die wir jetzt in Hawaii sind, sehen wunderbar leer aus. Nur für heute finde ich da zwei kleine Notizen: „Telefongespräch mit John und Mary — zur Silberhochzeit gratulieren." Und: „Noch Briefmarken für Postkarten kaufen." Na ja!

(Der Tagesplan für die Wochen auf Hawaii sieht eigentlich so aus: Gegen 8 Uhr aufstehen; etwa 9.30 Uhr das Haus verlassen und mit Nels und Ray zum Strand, wo Nels spielt, Ray spielt und betet und studiert und schreibt; ich sitze im Schatten, bete, lese die Bibel und andere Bücher und schreibe ebenfalls. Im Laufe des Nachmittags heim, umziehen, ausgehen zum großen Abendessen und gelegentlichen Unternehmungen, doch meist wieder heim und früh zu Bett. Einen Tag in der Woche unterbrechen wir die Routine und machen einen Ausflug.)

Doch gleich für den ersten Tag nach unserer Rückkehr steht da: 8.45 Friseur (nach fast einem Monat Urlaub wird es nötig sein); Gehaltsscheck zur Bank bringen; schreiben und Rechnungen bezahlen; elektrische Wärmedecke von der Reinigung holen usw. — ein schneller Blick voraus auf die Alltagsroutine.

Das Wichtigste für deinen „Zu-tun-Abschnitt" ist, daß du

dein Notizbuch stets bei dir hast. Wenn dir etwas einfällt, was du tun mußt oder einkaufen mußt, schreib es auf, und zwar auf die Seite des Tages, an dem du es tun oder kaufen willst. Wenn dann jemand nach einem Termin fragt, kannst du immer sagen, ob du für diesen Tag noch Zeit dazu hast oder nicht.

„Ich hätte gern eine Kopie von diesem Lied", sagte eine Frau zu mir nach dem Sonntagmorgen-Gottesdienst. Ich machte mir eine Notiz auf der Seite des nächsten Sonntags, um sie ihr dann mitzubringen.

Ich bringe Schuhe zum Schuhmacher. „Freitag sind sie fertig", sagt er. Ich schlage die Freitag-Seite auf und notiere: „Schuhe". Den Abholschein hefte ich an die Seite.

Wenn du dein Notizbuch stets bei dir hast und alles aufschreibst und dann schon am Abend vorher und morgens wieder hineinschaust, wirst du nie mehr etwas vergessen; das kann ich dir versichern.

Welche Dinge tust du nicht gern? Verteile sie auf verschiedene Tage, damit du sie nicht alle auf einmal erledigen mußt. Aber schreibe sie bestimmt in das Buch. Und an dem Tag, an dem sie dort stehen, erledige sie auch. So wirst du mit der schlechten Gewohnheit fertig, unangenehme Dinge immer vor dir herzuschieben. Anschließend erlebst du dann ein großes Gefühl der Befriedigung.

Einen guten Autofahrer zeichnet unter anderem aus, daß er immer ein Stück vorausschaut und auch Überraschendes erwartet. So ist es auch, wenn du mit deinem Notizbuch einen guten Überblick behältst; du kannst immer eine halbe Woche oder mehr vorausschauen, und auch Überraschendes, das immer wieder einmal kommt, wird dich dann nicht umwerfen. Weil du den großen Überblick hast, kannst du nötigenfalls schnell umstellen und noch einfügen.

An jedem Abend solltest du dir aufmerksam die Seite des folgenden Tages betrachten. Überlege dabei gleich, was du anziehen willst und hänge es griffbereit auf. (Schuhe sind geputzt? Alles andere auch fertig?) Lege die Reihenfolge der verschiedenen Dinge fest, vor allem, wenn du einiges außer Haus erledigen mußt. Du vermeidest so doppelte Wege und sparst Zeit und Benzin. Numeriere die verschiedenen Punkte nach Wichtigkeit, damit, solltest du doch einmal nicht alles schaffen können, nicht gerade das Wichtigste unerledigt bleibt. Bete für alles, was du an diesem Tag erledigen mußt, für die Personen, mit denen du zu tun haben wirst. Du wirst besser schlafen, wenn du weißt: alles ist vorbereitet. Am nächsten Morgen gerätst du dann nicht in unnötige Aufregung.

Streiche im Laufe des Tages alle Dinge durch, die du schon erledigt hast. Sollte doch etwas nachbleiben, so übertrage es sofort auf einen der nächsten Tage, an dem du es dann erledigen willst. Danke dem Herrn für seine Hilfe den ganzen Tag hindurch. Reiße das Blatt dann heraus und wirf es fort.

Der zweite Abschnitt meines Notizbuchs trägt die Überschrift: „Ziele". Ich habe mich in Kapitel 5 mit dir darüber unterhalten. Nun will ich dir noch sagen, was ich betete und dann auf einem Bogen Papier festhielt, als ich meine Ziele niedergeschrieben hatte. (Glaube mir: Damals, als ich diese Worte schrieb, habe ich nicht im Traum daran gedacht, daß sie außer Gott jemals jemand sehen würde.)

Vater, ich möchte mein Leben immer mehr für Dich verwenden, für andere Menschen und für Deine Sache. (Das sind meine „drei Prioritäten", wie Du erkennen wirst.) Ich möchte so in Dich hineingetaucht werden, in Dein Wort und in Gebet, daß meine ganze Persönlichkeit gesalbt ist vom Heiligen Geist.

Ich möchte freundlich, gütig, rücksichtsvoll und gastfrei sein; im Verborgenen fleißig arbeiten, ohne überlastet zu wirken. Ich möchte mich mit Ray entspannen und für ihn da sein, wenn er mich braucht, damit er an mir Freude hat. Auch für Nels möchte ich so da sein. Hilf mir, daß meine äußere Erscheinung und meine Kleidung immer so ist, daß sie auf mich stolz sein können.

Hilf mir, Lieder und Chorusse zu Deiner Ehre zu schreiben, die wirklich in der Gemeinde, Deinem Leib, zum Segen werden.

*Hilf mir, unser Haus, innen und außen, beständig zu einer
wohnlichen Stätte zu machen, in der man sich wohl fühlt, ohne
daß mich diese Aufgabe zu sehr festhält.
Danke, Vater, für Deine Hilfe! Vielen Dank!*

Ich weiß nicht, was deine Träume und Ziele sind. Aber eines ist
sicher: Gott hat welche für dich. Wenn du sie also nicht kennst,
solltest du dir stille Zeit mit Gott nehmen, um sie zu erfahren.
Sei dabei präzise, und gib dich nicht mit verschwommenen und
allgemeinen Phrasen zufrieden wie: „Ich will ein guter Christ
sein"; sondern setze dir deutliche und meßbare Ziele, damit du
auch immer wieder feststellen kannst, ob du sie erreicht hast
oder nicht. Dies ist notwendig, ehe du dich auf den Weg machen
willst, denn sonst weißt du gar nicht, in welche Richtung deine
Lebensreise gehen soll.

Natürlich stehen in meinem Notizbuch unter „Ziele" auch
alltäglichere Dinge wie z. B.: Eingangsflur neu streichen, mehr
aufs Sparkonto bringen, das Darlehen zurückzahlen, ein neues
Möbelstück kaufen usw.

Dein Notizbuch ist eine ebenso persönliche Sache, und du
solltest alle deine Ziele und Pläne dort eintragen und immer
wieder einmal überprüfen.

Eine weitere Seite in meinem Notizbuch steht für meine
Garderobe zur Verfügung. Auch darüber habe ich in einem vor-
herigen Kapitel schon ausführlich gesprochen. Du wirst dir natürlich auch Abschnitte einrichten für Dinge, die dir besonders
am Herzen liegen und die vielleicht bei mir fehlen. Unsere Interessen, Aufgaben und Ziele werden so verschieden sein, wie
wir Frauen eben untereinander verschieden sind. Jede von uns
ist von Gott als unverwechselbares Original geschaffen, und
nicht als Abklatsch eines anderen Menschen.

Mein nächster Notizbuch-Abschnitt ist für das Bibelstudium. Auf der ersten Seite habe ich die Bücher der Bibel in chro-
nologischer Reihenfolge aufgeklebt, damit ich immer die Übersicht habe, was wohin gehört. Dann kommen die Seiten für das

Thema, mit dem ich mich gerade beschäftige. Zur Zeit ist es „Die Prinzipien der Leiterschaft". Wenn ich dieses Studium beende, werde ich alles gesammelte Material in meinem Bibelstudien-Ordner unter dem Buchstaben „L" = Leiterschaft ablegen.

Du magst die Bibel schon lange lesen oder gerade erst anfangen. Sicherlich wird dir jeden Tag beim Lesen etwas auffallen, was du dann niederschreiben kannst, und natürlich deine Gedanken und Fragen dazu. Nach einiger Zeit hast du gewiß schon soviel beisammen, daß du beginnen mußt es zu ordnen, wenn du die Übersicht behalten willst. Erst wenn du dies systematisch tust, wirst du merken, wie reich an Gedanken Gottes Wort ist. Jede gläubige Frau sollte die Bibel eifrig studieren. Beginne damit sofort.

Der nächste Abschnitt trägt als Überschrift das Wort „Jünger". Es folgt die Liste, von der ich dir in Kapitel 9 erzählt habe. Darunter habe ich mit Bleistift die Namen jener Frauen geschrieben, die noch nicht zu unserem Kreis gehören, mich aber in letzter Zeit fragten, ob sie auch für eine Zeit dabei sein könnten. In meinen „Zu-tun-Abschnitt" habe ich unter dem 3. August eingetragen: „Bete für diese Frauen, ob sie zum Herbst zu unserem Jüngerkreis kommen." Jesus tat dies doch auch. Lies einmal Lukas 6,12-16.

Unter der Jünger-Überschrift findet sich auch noch eine Seite mit den Namen der 39 Teilnehmer an unserer Mittwochmorgen-Bibelklasse, die ich unterrichte. Sie kommen aus ganz verschiedenen Gemeinden und Kirchen, sind Protestanten und Katholiken; und einige sind dabei, die noch keiner Gemeinde angehören. Doch sie sind eine liebenswerte und sehr eifrige Gruppe.

Die nächsten drei Notizbuch-Abschnitte sind überschrieben „Nels", „Nachbarn" und „Ehepaare". Unter Nels' Abschnitt schreibe ich auf, wann wir uns zusammensetzten, welche Bibelstellen wir lasen, was er dazu sagte, und verschiedene andere Informationen, die dazugehören.

Die „Nachbarn" sind Beulah, im Nebenhaus nach Süden

hin, sie öffnete Gott ihr Herz im Januar 1974, und wir begannen, uns einmal wöchentlich zu treffen; Betty, schräg auf der anderen Straßenseite, sie nahm Christus an und schloß sich uns im Oktober 1974 an; und Doris, in der nächsten Querstraße, die wir kurz danach hereinbeteten. Auf Seite 1 stehen ihre Namen und Geburtstage (Liebe muß praktisch und aufmerksam sein) und ein Gebet, das ich für jede der drei schrieb. Dann folgen die Termine, zu denen wir uns treffen, in welchem Haus wir zusammenkamen, welches Thema wir besprachen, welche Gebetsanliegen wir haben und einige andere Dinge. Kürzlich hatte eine der drei anzustrebende Ziele für unsere Gruppe niedergeschrieben und uns vorgelegt. Wir haben alle zugestimmt. Hier sind sie:

1. Mehr Verantwortung füreinander empfinden.
2. Eine Liste unserer Gebetsanliegen und der erhörten Gebete erstellen.
3. Missionsdienst.
   a) Eine Namensliste derer erstellen, die Gottes Wort hören müßten.
   b) Gemeinsam oder einzeln versuchen, die Menschen auf der Liste für Gott zu erreichen.
4. Jährlich zwei Wochenenden gemeinsam verbringen.
5. Jedes Jahr an einer von Annes Konferenzen teilnehmen.
6. Alle drei Monate überprüfen, ob wir Fortschritte gemacht haben.
7. Mittwochs unsere Versammlungszeiten treu einhalten.

Einige dieser Ziele zeigen, wie hungrig sie sind nach Gottes Wort und welches Verlangen sie haben, in Christus zu wachsen.

Der ,,Ehepaare''-Abschnitt befaßt sich mit unserem regelmäßigen Treffen mit vier anderen Ehepaaren am Donnerstagabend. Hier gibt es viel aufzuschreiben über die feinen gemeinsamen Gespräche, über unsere Gebetserhörungen, die wir bei Dingen erfahren haben, für die wir gemeinsam beteten, und über Dinge, die wir gemeinsam unternommen haben.

Wenn ich auf Konferenzen darüber rede, daß Christen ein enges Verhältnis zu ihren Brüdern und Schwestern in Christus haben sollten und daß dies meist in solchen kleinen Gruppen erreichbar ist, erhalte ich hinterher oft Briefe wie zum Beispiel diesen:

Als du während der Frauenfreizeit in Mount Hermon zu uns sprachst, hat der Herr mir durch deinen Dienst zeigen können, wie wichtig es ist, neben dem Besuch der Gottesdienste in der Gemeinde noch engere Gemeinschaft mit Ihm und Seinen Kindern in kleinen Gebetsgruppen zu pflegen. Eifrig habe ich deinen Rat befolgt und werde dadurch nun sehr gesegnet. Wir haben wunderbare Zeiten in unserer Gebetsgruppe, wenn wir den Herrn preisen und anbeten. Und außerdem habe ich nun fünf Schwestern (wir sind sechs Frauen in unserer Gruppe), mit denen ich viel enger verbunden bin als vorher. Eine von uns hat immer Zeit, wenn eine andere einmal Probleme hat oder Hilfe braucht. Das macht die Nachfolge Jesu inhaltsreicher und leichter. Mir ist in den letzten Monaten so klar geworden, daß Gott nicht möchte, daß wir Ihm als Einzelgänger dienen und nachfolgen, sondern in enger Gemeinschaft mit unseren Brüdern und Schwestern, mit dem Leib Christi.

Wie recht die liebe Schwester doch hat. Wir alle benötigen die Gemeinschaft des Leibes Christi, und innerhalb dieser die noch engere Gemeinschaft mit den uns am nächsten stehenden Gliedern.

Den nächsten Abschnitt meines Notizbuchs sollte jede Frau auch in dem ihren haben. Er ist überschrieben mit „Predigten". Ich meine hiermit alles, was ich höre, wenn ich im Gottesdienst oder in der Bibelstunde bin. Taucht ein neuer Gedanke auf oder spricht mich etwas besonders an, habe ich mein Notizbuch und den Kugelschreiber zur Hand und halte es fest. Vor allem auch alle Bibelstellen, die dann in solchem Zusammenhang erwähnt werden, schreibe ich mir auf. Auf diese Weise habe ich schon viel Material für meinen Bibelstudien-Ordner sammeln können, in den ich diese Notizen dann nach Themen geordnet hineinbringe. Ich werde dadurch angeregt für meinen eigenen Dienst. Es waren zwar die Gedanken anderer, doch mein eigener Dienst und mein eigenes Verständnis der Bibel können dadurch fruchtbarer werden.

Über dem letzten Abschnitt meines Notizbuchs steht „Gebete". Er ist der beste von allen. Dieser Abschnitt hat mein Gebetsleben sehr vertieft und erweitert und mich selbst sehr gesegnet. Hättest du mich früher gefragt, was ich vor drei Tagen gebetet habe, oder vielleicht gestern, ich hätte es nicht mehr gewußt.

Doch nun machte ich nach einigen Monaten eine Entdeckung, die mich sehr überraschte. Ich erkannte nämlich, wie ernst Gott meine Gebete nahm. Viele von den Dingen, für die ich vor etlichen Monaten gebetet hatte, waren mittlerweile in Erfüllung gegangen. Ich hätte es wahrscheinlich oft gar nicht bemerkt, daß hier Gebetserhörungen vorlagen, oder hätte es wieder vergessen. Doch nun wurde ich dadurch ermutigt, noch eifriger zu beten, denn mein Notizbuch zeigte mir ganz praktisch etwas von der Macht des Gebets.

Ich schreibe nicht nur meine Gebetsanliegen nieder und den Zeitraum, während dem ich dafür gebetet habe, sondern manchmal auch, wenn es mir besonders wichtig wird, den ganzen Wortlaut meines Gebets. Auch dadurch erfährt mein Gebetsleben noch eine Vertiefung, denn wenn ich ein Gebet aufschreibe, wird mir sehr eindrucksvoll bewußt, was ich gebetet habe. Wir haben manchmal im Gebet schnell etwas dahingesagt. Wenn wir es aufschreiben, gewinnt es mehr Gewicht, habe ich gefunden. Hier ein Beispiel: Ich weiß nicht, wie oft ich im Gebet schon gesagt hatte: „Ich liebe Dich, Vater im Himmel." Doch als ich es jetzt niederschrieb, ergriff mich ganz neu der Sinn dessen, was ich da betete.

Da ich mir die Seiten, auf die ich die Gebete schrieb, aufbewahre, könnte ein Überblick über die letzten beiden Jahre mich in ganz verschiedenen Stimmungen und Problemen zeigen. Hier ein kleiner Ausschnitt davon:

„Preis sei Dir, Herr! Dieser wunderbare Sonntagvormittag ist ein glücklicher Tag in der Gemeinde — es ist Gebetstag und Gemeinschaftstag. Laß heute viele Menschen kommen, die dich den ganzen Tag gemeinsam ehren und preisen."

„Vater, schenk mir ein Herz, das wirklich freudig gibt. Hilf mir, daß ich, wie Ray, bereit bin, unbesorgt zu geben. Mache uns feinfühliger für die materiellen Nöte der Menschen um uns. Vater, bitte ich zu viel, wenn ich, nachdem wir anderen in Not geholfen haben und weiter helfen wollen, Dich nun bitte, so viel zu uns zurückfließen zu lassen, daß wir auch unser Haus in Ordnung bringen können?"

(Im Blick auf Ray.) „Vater, du hilfst uns, unsere Herzen immer enger zu verbinden. Das ist nicht immer leicht. Ich danke dir, daß wir uns gegenseitig so sehr lieben, daß es wirklich schmerzt, wenn wir uns einmal wehgetan haben."

„Vater, ich bete Dich an und lege Dir mein Leben zu Füßen. Wie ich Dich liebe!"

„O Gott, läßt Du uns jetzt unseren Weg allein weitergehen?"

„Lieber Herr, ich brauche Musik. Ich fühle mich so trocken."

„Vater, es ist ein kalter Donnerstag — ein Studiertag. Ray und ich sitzen vor dem Feuer. Jeder von uns studiert. Wie wunderbar! Herr, erfülle uns heute mit Dir!"

„Herr, wie sehr muß unser menschliches Wesen geheiligt werden. O Gott, das Kreuz, das Kreuz! Hilf mir, mich immer wieder dort zu verbergen."

„Vater, ich komme wegen Geld zu Dir. Wir sitzen momentan ziemlich unter Druck."

„O Vater, Hosea 12,7 ist fast zuviel. Erwarte immer Großes von deinem Gott."

„Lieber Herr, Georg und Joan brauchen einen Käufer für ihr Haus."

„Ich danke Dir, allmächtiger Gott, daß Du mein Freund bist."

„Vater, ich liebe Dich!"

Was immer es ist, ich breite mein Herz vor Ihm aus. Manchmal lache ich später selbst über die törichten Dinge, um die ich Gott gebeten habe. Nun, Er war weise genug, sie mir nicht zu geben. Ich bin froh, daß Er die entscheidende Unterschrift geben muß oder Sein Veto einlegen kann. Als ich ein kleines Mädchen war, konnte ich auch nicht immer verstehen, warum meine Mutter manchmal „nein" sagte. Doch heute weiß ich es.

Wenn sich dein Notizbuch immer mehr mit den Dingen füllt, die dir wichtig sind, und wenn du es nach und nach immer besser zu gebrauchen lernst, dann wirst du:

1. deine Ziele immer vor Augen haben;
2. eine eifrigere Beterin werden;
3. von den Wahrheiten Gottes tiefer beeindruckt werden;
4. Geist und Seele mehr mit den reinen und schönen Dingen füllen lassen;
5. nicht mehr so schnell vergessen, was deine täglichen Aufgaben sind.

Natürlich wird der Heilige Geist dir helfen, wenn du für Sein Wirken in deinem Leben offen bist. Doch auch das Notizbuch kann dir eine große Hilfe sein, wenn du es eifrig und regelmäßig gebrauchst. Dazu wünsche ich dir Gottes Segen.

13. Kapitel

Deine Reaktion auf das Buch

„Vielen Dank für das Buch", sagst du vielleicht, „aber was du da schreibst, ist zuviel verlangt. Ich glaube nicht, daß ich es tun kann."

Warum nicht? Laß uns in Ruhe darüber reden. Vielleicht hast du ja gute Gründe, so zu reagieren; aber vielleicht auch nicht.

„Ach", denkst du, „ich war noch nie ein sehr ordentlicher Mensch."

Liebe Freundin, ich auch nicht. Frage Ray. Doch als die Aufgaben und Verantwortungen des Lebens mich immer mehr unter Druck setzten, begann ich nach Lösungen zu suchen. Für mich selbst die drei Prioritäten zu setzen (Kapitel 2), war die wichtigste Hilfe — lernen, zuerst mit Gott zu leben, von innen nach außen. Die Werkzeuge, um dies zu schaffen — Notizbuch, Schreibtisch, Schrank — ergaben sich daraus. Genau beschaut bin ich immer noch unordentlich. Doch mein Notizbuch ist geordnet — und ich lebe nach meinem Notizbuch.

„Aber ich sitze hier", klagst du, „und auf dem Fußboden im Wohnzimmer liegt ein Häufchen ungewaschene Unterwäsche, in der Küche türmt sich das schmutzige Geschirr, und überall liegen unbeantwortete Briefe herum. Wo soll ich nur beginnen?"

Fange mit Gott an. Schließ die Augen vor der Unordnung und gehe ein wenig spazieren. Übergib dein Herz völlig Gott.

Solltest du es nicht schon vorher getan haben, dann bitte Seinen Sohn Jesus Christus, dir deine Sünden zu vergeben und all die innere Unordnung deines Lebens hinwegzuräumen, von der die äußere Unordnung ja nur eine Reflektion ist. Laß dich von Jesus Christus innerlich rein waschen, wie nur Er es kann. Lade Ihn ein, im Zentrum deines Lebens zu wohnen — in deinem Kontrollzentrum.

(Nein, nein — beginne jetzt nur nicht intellektuell über die Notwendigkeit der Bekehrung zu argumentieren, als wäre dies eine zu vereinfachende Antwort. Gottes Ordnung ist erst die Wende, erst die Umkehr, und dann der Beginn des Neuen. Wende dich um — zu Ihm!)

Du hast das schon getan? Dann beginne, ein Stück nach dem anderen von diesem Buch abzubeißen. Denke darüber nach, in welcher Woche du dich an dieses wagen willst, und in welchem Monat du dir jenes vornimmst. Ich mache es genauso. Der Herr ist auch mit mir noch nicht fertig.

,,Ach'', sagst du, ,,du kennst mein Problem nicht. ,,würde ich allein leben, könnte ich mich nach deinen Ratschlägen richten. Doch da gibt es um mich herum andere in meinen vier Wänden..."

Das geht den meisten so. Doch Philipper 2,1-16 spricht davon, daß wir unsere Ziele auch erreichen können, indem wir uns in die Verhältnisse, in denen wir leben, einordnen und von unten anfangen.

Dein Problem ist vielleicht ein vorübergehendes. Gut — Babys sind nicht ordentlich; aber sie bleiben auch nicht sehr lange Babys. Tue schon jetzt dein Bestes. Auch Kinder sind nicht sehr ordentlich; doch sie gehen schneller aus dem Haus als du denkst. Du brauchst auch ein wenig Humor, um deinen Alltag und deine Ziele immer im richtigen Gleichgewicht zu halten. Auch Ehemänner sind nicht immer ordentlich. Doch die Statistik zeigt uns, daß du den deinen vielleicht auch nicht immer hast, um mit ihm klarzukommen. Das Leben ist kurz. Richte dich nach ihm, und laß ihn in den Jahren eures Beisammenseins nach Gott, der immer zuerst kommt, wirklich deine große Liebe sein. Eine Freundin oder Bekannte, mit der du zusammenwohnst, kann ein großes Problem werden. Doch vielleicht ist auch das nur vorübergehend, oder du kannst auf sie einwirken, daß auch sie sich ändert.

Doch vergiß eines nicht: Du bist während deines gesamten Erwachsenenlebens eine Frau. Und wie du als Frau vor Gott lebst, das macht deine wirkliche Persönlichkeit aus. Nichts von außen kann dieses kostbare innere Heiligtum — dein Herz, den Platz, wo Gott in dir wohnt — berühren oder gar verändern, es sei denn, du willigst ausdrücklich ein. Und Gott, der dich sehr liebt, hat auch für dein äußeres Leben einen maßgeschneiderten Plan, damit aus dir eine tüchtige und lobenswerte Frau nach dem Muster der Bibel wird. Wie sehr bist du bereit, auf Gottes Plan und Willen einzugehen? Du hast einen mächtigen Gott und solltest deshalb erwarten, daß Er in deinem Leben und durch dein Leben viel tut.

Ich will dir eine Geschichte erzählen, die illustriert, welchen Unterschied eine große Erwartung machen kann: In 2. Könige 4 lesen wir von einer Witwe, die sehr hohe Schulden hatte. Ihr Schuldherr erklärte ihr, er werde ihre beiden Söhne als Sklaven verkaufen, um sein Geld zu bekommen. Die arme Frau wußte sich nicht mehr zu helfen und wandte sich an den Propheten Elisa. Er sagte zu ihr: „Geh, und borge dir von überall so viele Ölgefäße wie du bekommen kannst. Es sollen nicht wenige sein. Gib dir Mühe, viele zu erhalten."

Die Frau borgte sich also Gefäße zusammen. Nun nahm Elisa ihr eigenes Ölgefäß, in dem nur noch ganz wenig Öl war, und begann daraus alle anderen Gefäße zu füllen. Er goß und goß, und als alle Gefäße voller Öl waren, sagte er: „Nun, wo sind weitere Gefäße?"

„Mehr konnte ich nicht bekommen", antwortete die Frau. Da brach der Fluß des Öls ab.

Es stellte sich heraus, als sie das Öl verkaufte, daß es ausreichte, die Schulden zu bezahlen und sie und ihre Söhne am Leben zu erhalten. Ein wahres Geschenk des Himmels. Doch es hatte in der Hand der Frau gelegen, wie wörtlich sie Elisas Auftrag nahm, so viele Gefäße wie möglich zu beschaffen. Wären es weniger gewesen, hätte das Öl am Ende für die Schulden nicht gereicht. Hätte sie aber noch mehr besorgt, wären auch diese noch gefüllt worden. Das hätte für sie und ihre Söhne eine noch bessere Zukunft bedeutet. Auf die beschafften Gefäße, also auf ihre Erwartung, kam es an, wieviel Gott für sie tun konnte.

Hebe deine Augen auf! Dein himmlischer Vater wartet darauf, dich auf vielerlei Weise zu segnen und aus deinem Leben etwas zu machen, wovon du nicht einmal geträumt hast. Wie viele Gefäße willst du aufstellen?

14. Kapitel

Wie ist eine
tüchtige und lobenswerte Frau?

Wie können eine Anzahl Ziele, ein Tagesplan, ein Notizbuch usw. aus einer ganz alltäglichen Frau eine machen, die tüchtig und lobenswert nach den Maßstab der Bibel ist?

Sprüche 31 beschreibt eine tüchtige und lobenswerte Frau. Doch ihre Qualitäten scheinen nicht unbedingt auch äußere Schönheit einzubeziehen. Es heißt da: *,,Trügerisch ist Anmut, vergänglich die Schönheit, nur eine gottesfürchtige Frau verdient Lob"* (Sprüche 31,30). (Es ist vielleicht wie bei den beiden Freunden, die sich über ihre Freundinnen unterhielten. Der eine sagte: ,,Mein Mädchen hat eine großartige Persönlichkeit." Antwortet der andere: ,,Ja, ich weiß schon, meine ist auch nicht gerade hübsch.")

Doch im Neuen Testament scheint alles etwas zusammenzugehören und darauf hinzuweisen, daß eine tüchtige und lobenswerte Frau auch in ihrer äußeren Erscheinung so ordentlich und ansehnlich wie möglich sein soll: *,,Nicht auf äußeren Schmuck sollt ihr Wert legen, auf Haartracht, Gold und prächtige Kleider, sondern was im Herzen verborgen ist, das sei euer unvergänglicher Schmuck: ein sanftes und ruhiges Wesen. Das ist wertvoll in Gottes Augen. So haben sich einst auch die heiligen Frauen geschmückt, die ihre Hoffnung auf Gott setzten"* (1. Petrus 3,3-5).

Beachte das Wort „geschmückt", das auf die äußere Erscheinung hinweist. Manche Christen haben die Unterordnung der Frauen immer so sehr betont, als gäbe es nichts gleich Wichtiges in der Bibel. Doch Tatsache bleibt, daß sie in diesem Abschnitt als Maßstab für „ein sanftes und ruhiges Wesen" verwendet wird: *„So haben sich einst auch die heiligen Frauen geschmückt, ... Sie ordneten sich ihren Männern unter."*

Ob es uns nun gefällt oder nicht, dies sind, ohne daß man daran drehen kann, die Worte der Bibel. Von Sara, der Frau Abrahams, wird im folgenden Vers gesagt: *„Sara gehorchte Abraham und nannte ihn ihren Herrn."* Das also machte sie zu einer lobenswerten Frau.

Es kommt also nicht darauf an, ob du als Schönheit oder nur als Durchschnittserscheinung geboren wurdest. Was dich vor Gottes Augen ansehnlich macht, was dich schmückt, ist ein sanftes und ruhiges Wesen. Mit anderen Worten: Die Schönheit einer Frau ist ordnungsliebend, keusch, zurückhaltend, taktvoll, gütig, freundlich, selbstbeherrscht. Solche werden „heilige Frauen" genannt. Das ist Schönheit in Gottes Augen.

Eingehüllt in diese Charakterzüge kann jede Frau ihre eigene Persönlichkeit entwickeln und dennoch tüchtig und lobenswert sein, also Gottes Schönheit tragen. Sie kann lebhaft sein oder eher schüchtern, fröhlich oder etwas kühler, eine gute Leiterin oder mehr eine Mitarbeiterin. Sie kann Direktorin eines Unternehmens sein oder hervorragende Kuchen und Plätzchen backen — oder auch beides. Hat sie Gottes Schönheit, ein sanftes und ruhiges Wesen, fürchten sich andere nicht vor ihr, weil sie nicht um Positionen kämpft, nicht neidisch und eifersüchtig ist und nicht auf ihre Rechte pocht. Das liegt daran, weil sie sich in Gott sicher fühlt und Ihm vertraut, daß Er ihr die Gaben und den Platz geben wird, den sie in dieser Welt ausfüllen soll. Und Er kann ihr dann immer noch zulegen und sie darin wachsen lassen, weil sie nicht darum kämpft. Ihr kommt es darauf an, daß sie vor Gottes Augen bestehen kann. Das ist die tüchtige und lobenswerte Frau nach dem Maßstab der Bibel; die in den Augen Gottes schöne Frau.

Wie wahr war dies doch auch in Jesu Tagen. Wir müssen erkennen, daß die Kultur jener Zeit römisch-heidnisch und für die Frauen erniedrigend war. Das hielt Gott nicht davon ab, die Prophetin Hanna dadurch zu ehren, daß Er ihr die Geburt des Messias offenbarte, sie Ihn sehen und erkennen durfte. Jesus ließ sich dadurch nicht hindern, Petrus' Schwiegermutter zu heilen oder die Frau mit dem Blutfluß oder die Tochter der Kanaaniterin oder die so sehr verkrümmte Frau; Er weckte die Tochter des Synagogenvorstehers von den Toten auf und gab der Witwe in Nain ihren gestorbenen Sohn zurück. Er bewahrte die Ehebrecherin vor der Steinigung; sprach wohlwollend und schützend von der Frau, die Ihn salbte; stellte die Witwe mit ihren zwei Kupferpfennigen, die sie in den Opferkasten legte, als Vorbild für alle anderen hin; und Er hatte eine lange Unterhaltung mit der samaritischen Frau am Brunnen, die dadurch neues Leben fand.

Jesus ließ sich auch nicht davon abhalten, solche tüchtigen und lobenswerten Frauen zu Seiner engsten Umgebung zu zählen, wie Maria und Martha, Maria Magdalena und andere. Solche Frauen waren es, die am nächsten bei Ihm am Kreuz standen, als Er dort starb, und die Ihm am ersten begegneten, als Er am Ostermorgen von den Toten auferstand.

In den Tagen nach der Auferstehung warteten viele solcher tüchtigen und lobenswerten Frauen gemeinsam mit den Jüngern und anderen Männern auf Pfingsten. Tabea war eine so lobenswerte Frau, die so von allen geschätzt wurde, daß Petrus sie wieder zum Leben erweckte, als sie starb. Johannes Markus' Mutter stellte ihr Haus für die Versammlungen der ersten Christen in Jerusalem zur Verfügung. Aquila und Priscilla, dieses junge Ehepaar, konnten Apollos besser in die richtigen Wahrheiten der Bibel einführen. (Priscilla muß ein so sanftes und ruhiges Wesen gehabt haben, daß Apollos es nicht unter seiner Würde fand, auf sie zu hören. Paulus schätzte sie besonders, und sie hat einen wichtigen Platz bei der Ausbreitung des Evangeliums im ersten Jahrhundert eingenommen.) Glaube nie, Sanftmut sei Schwäche. Sanftmut ist Stärke, die unter Kontrolle gehalten wird.

Viele andere, von Gott gerufene, tüchtige und lobenswerte Frauen wurden Werkzeuge, um große Dinge im Reiche Gottes zu tun, durch die ganze Nationen beeinflußt wurden. Wenn du eine Christin bist, eine meiner Schwestern, dann laß dir sagen: Du bist wichtig für die kommende Erweckung, die wir alle erwarten. Als Paulus den Ruf vernahm, zum ersten Mal in Europa das Evangelium zu predigen, reiste er nach Philippi in Griechenland. Dort fand er eine Gruppe, die wohl hauptsächlich aus Frauen bestand, der er Gottes Wort predigte. Eine dieser Frauen, Lydia, stellte sich Gott besonders zur Verfügung und öffnete ihr Haus für die ersten christlichen Versammlungen in Griechenland. Von da aus durchdrang das Evangelium ganz Europa.

Die ausführlichste biblische Beschreibung einer tüchtigen und lobenswerten Frau finden wir in Sprüche 31, ab Vers 10. Diese Schilderung endet mit den Worten: *,,Preist sie für den Ertrag ihrer Hände, ihre Werke soll man am Stadttor loben"* (Vers 31). Der Ausdruck ,,Stadttor" besagte im Alten Testament, daß es sich um die führenden Männer der Stadt handelte, bei denen sie gelobt wurde, weil die Stadträte in der damaligen Zeit gewöhnlich im Stadttor zusammenkamen, um zu beraten. Die Frau, die hier beschrieben wird, arbeitet fleißig für ihre Familie, hält ihren Haushalt mit ihrem Kopf, ihren Händen und ihrem Herzen in guter Ordnung. Doch sie ist nicht nur im Haushalt tüchtig, sondern auch auf dem Markt, wenn sie *,,sorgt für Wolle und Flachs"* (V. 13), oder wenn dort von ihr gesagt wird: *,,Sie überlegt es und kauft einen Acker, vom Ertrag ihrer Hände kauft sie einen Weinberg"* (V. 16). Sie weiß sich auch ordentlich und ansehnlich zu kleiden: *,,Leinen und Purpur sind ihr Gewand"* (V. 22). Purpur war damals etwas sehr Kostbares. Nein, eine Frau mit einem sanften und ruhigen Wesen ist nicht weltfremd und lebensuntüchtig, sondern in ihrem Glauben so stark, daß sie voller Vertrauen in Gott ruht und dadurch mit den Dingen ihres Lebens viel besser fertig wird, als wäre sie aufgeregt und herrschsüchtig und voller egoistischer Streberei. Durch ihre Tüchtigkeit wird nicht nur sie gelobt, sondern auch Gott gepriesen.

Doch wie können wir Frauen mit unseren uns von Gott geschenkten Fähigkeiten und unseren Möglichkeiten die Welt für Gott beeinflussen? Ganz einfach: Es beginnt damit, daß wir unsere persönliche Umgebung für Ihn beeinflussen. Und wie tun wir das? Indem wir zuerst uns von ganzem Herzen Gott ausliefern. Wird das leicht sein? Natürlich nicht. Aber das, worum es sich lohnt zu leben, das Beste, ist niemals leicht. Nur Menschen, die kein Ziel haben und nicht wissen wofür sie leben, verbringen ihre Zeit träge und unnütz und lassen sich treiben. Wollen wir viel für Gott erreichen, müssen wir zuerst unser eigenes Leben in Zucht nehmen, täglich in der rechten Disziplin unsere Zeit und Fähigkeiten gebrauchen, uns verändern lassen, damit wir Werkzeuge sein können, daß andere um uns verändert werden.

Wenn du eine Hausfrau bist und Kinder erziehst, tue es nie nachlässig, aber auch nicht, indem du deine Launen an ihnen ausläßt. Es ist nicht nur eine Erziehungszeit für die Kinder, sondern auch du sollst daran lernen. Als David jung war, sorgte er auch für die Kleinen — für die Schafe und Lämmer. Doch von der Schafherde kam er geradewegs in den Palast des Königs. Und dort war er bald unentbehrlich, weil niemand anders den König in seinem Trübsinn und seinen Depressionen aufheitern konnte als nur David mit seiner Musik und seinem Gesang. Dadurch tat er einen großen Dienst für die ganze Nation. Woher hatte er diese Fähigkeit, wo er doch bisher nur Schafhirte gewesen war? Er hatte seine Aufgabe als Hirte sehr ernst genommen und hatte darüber hinaus für sich selbst fleißig seine Gaben — Musik und Gesang —, die Gott ihm geschenkt hatte, gebraucht, hatte sich darin geübt und so Meisterschaft erworben, die er im rechten Augenblick gut gebrauchen konnte. Vielleicht hast auch du Gaben, die du fleißig üben und entwickeln solltest, weil du noch nicht weißt, wofür du sie einmal wirst gebrauchen können. Gott mag noch Großes mit dir vorhaben.

Beschaue dir deine Kinder einmal genau, sie sind eine viel größere Aufgabe als Davids Schafe. Nur Gott weiß, was einmal aus ihnen werden kann, wenn du jetzt schon beginnst, mit allem

Eifer, aller Liebe und mit der Weisheit und Führung des Heiligen Geistes ihre Erziehung zu gestalten.

Doch ob du eine Mutter bist oder nicht, eine Hausfrau oder nicht — du bist eine Frau, wunderbar und einmalig. Und selbst wenn du gelähmt sein solltest, kannst du eine von Gottes tüchtigen und lobenswerten Frauen sein. Der Heilige Geist in dir kann dir die Selbstdisziplin schenken, die du benötigst, um dich auf Gott zu konzentrieren, und nicht auf dich selbst, um Ihm dein Versagen zu bekennen, um Ihm deine Zeit, deine Fähigkeiten so zur Verfügung zu stellen, daß Er durch dich geehrt und verherrlicht wird. Du hast alle Möglichkeiten in dir, um eine von Gottes tüchtigen und lobenswerten Frauen zu werden, die auf die Welt um sich herum einen großen Einfluß für Gott ausüben können.

Auch der Zeitplan Gottes spielt in deinem Leben eine große Rolle. Es war Gottes Zeit für dich, daß du dieses Buch jetzt gelesen hast. Man sagt, eine günstige Gelegenheit ist wie ein Pferd, das von irgendwoher herbeigetrabt kommt, einen Augenblick anhält und wieder davongaloppiert. Deine Sache ist es, dich im richtigen Augenblick in den Sattel zu schwingen. Jetzt ist es Zeit für dich, damit zu beginnen, die Ratschläge dieses Buches einen nach dem anderen in deinem Leben in die Tat umzusetzen.

Du bist eine Frau, mit der Gott einen wunderbaren Plan hat. Fühlst du, daß eine der Zeitkapseln Gottes in dir explodieren will? Drängt dich der Heilige Geist und zeigt dir neues Land, das einzunehmen ist? Gehe auf Gottes Willen ein. Du wirst noch Großes erleben. Wenn du dann von so großen Erlebnissen mit Gott berichten kannst, dann schreibe mir darüber.

Aktuelle Bücher —
man muß sie gelesen haben!

IN SEINER KRAFT Gwen Wilkerson

Gwen Wilkerson ist die Frau des weltweit bekannten Evangelisten und Gründers der Teen-Challenge-Arbeit, David Wilkerson. Sie berichtet hier ganz offen, was es heißt, als Frau an der Seite eines so bekannten Mannes zu leben. Sie kennt David von Kindheit an, schreibt von ersten Begegnungen, von frohen Ehejahren und von Krisen und auch von ihrem Kampf mit dem Krebs und einigen schweren Operationen. Ein sehr lesenswertes und ermutigendes Buch.

Art.-Nr. 20 082   136 Seiten (Paperback)   **DM 10,80**

CHRISTSEIN HAT SEINEN PREIS Jeannie C. Riley

Die Geschichte eines „Mädchens vom Lande", die als Unbekannte buchstäblich über Nacht zum Schlagerstar Nr. 1 wird. In großer Offenheit berichtet sie von vielen Enttäuschungen und Rückschlägen und dem Zerbruch ihrer Ehe. Als sie Christus findet, erkennt sie dadurch, daß sie auch ihre Ehe wieder in Ordnung bringen muß und beginnt darum zu kämpfen; dabei muß sie einen hohen Preis bezahlen. Gleichzeitig ein Blick hinter die Kulissen des Schlagergeschäfts.

Art.-Nr. 20 092   152 Seiten (Paperback)   **DM 10,80**

DIE CHRISTLICHE FAMILIE Larry Christenson

Das Buch „Die christliche Familie" hat Larry Christensons Ruf als hervorragender Autor christlicher Bücher begründet. Es ist eigentlich der ältere Bruder von „Das christliche Ehepaar" und ist in vielen Ländern zum Bestseller geworden. Hunderttausende von Familien haben schon bezeugt, daß ihnen auch dieses Buch zur großen Hilfe und zum Segen geworden ist. Es beschäftigt sich mit der Stellung der Eltern zu den Kindern und umgekehrt, sowie mit Kindererziehung und manchen anderen wichtigen Fragen, die für das Familienleben unbedingt nötig sind. Das Buch ist mit derselben biblischen Einsicht, dem feinen Verständnis und der praktischen Weisheit geschrieben, die auch „Das christliche Ehepaar" auszeichnen. Alle Eltern und christlichen Mitarbeiter sollten es lesen.

Art.-Nr. 20 069   230 Seiten   **DM 9,80**

DAS CHRISTLICHE EHEPAAR Larry & Nordis Christenson

Daß es in den Ehen unserer Zeit kriselt, ist kein Geheimnis. Unendlich viel Tinte ist in den letzten Jahren über diese Krise der Ehe und Familie vergossen worden. Um so begrüßenswerter ist es, daß mit diesem Buch ein erfahrener Eheseelsorger nicht nur auf die Nöte der Ehe hinweist, sondern tiefschürfenden Rat anbietet, wie es wieder anders werden kann. Das Buch ist voller praktischer Weisheit und tiefer Einsicht und fest auf die Bibel gegründet. Es kann allen Ehepaaren und Jugendlichen, die vor der Ehe stehen, eine große Hilfe sein und sollte unbedingt gelesen werden.

Art.-Nr. 20 073   204 Seiten (Paperback)   **DM 14,80**

Preisänderungen vorbehalten.

UMGANG MIT UNSEREN GEFÜHLEN   Ralph Speas

Sind Gefühle unsere Freunde oder Feinde? Jeder möchte wahrscheinlich immer gut gelaunt sein. Da unsere Launen und Stimmungen weitgehend von unseren Gefühlen abhängen, ist die Frage nach dem Umgang mit ihnen sehr wichtig, zumal auch unsere Entscheidungen oft mehr von Gefühlen als von vernünftigen Überlegungen bestimmt werden. Das Buch zeigt, wie wir uns nicht von negativen Gefühlen bestimmen lassen müssen, sondern wie statt Depressionen und Unruhe vielmehr Liebe, Freude und Friede unsere Seele erfüllen können. Ein sehr wichtiges Buch.

Art.-Nr. 20 094   128 Seiten (Paperback)   **DM 10,80**

ERGRIFFEN VOM BARMHERZIGKEIT   Douglas Wead

Das Leben in den Straßen Kalkuttas ist das tiefste Stück der Hölle auf Erden. Prostituierte, Waisenkinder, Bettler, Aussätzige, hilflose und verkrüppelte Kinder, Drogensüchtige — sie alle sind ein Stück von diesem elenden, schmutzigen, schrecklichen und erbarmungslosen Leben. Doch inmitten dieser Hölle lebt auch ein Engel der Barmherzigkeit. Es ist der christliche Missionar Mark Buntain, der sich dieser Elenden annimmt und ihnen hilft nach Leib, Seele und Geist. Dieses Buch schildert Einzelschicksale solcher elenden Menschen in Kalkutta, und zwar in so fesselnder Weise, daß man dieses Buch kaum mehr aus der Hand legen mag, bis man die letzte Seite gelesen hat. Außerdem zeigt es etwas davon, was heute Missionsarbeit bedeutet. Spannend von der ersten bis zur letzten Seite sollte es jeder lesen, Alte und Junge.

Art.-Nr. 20 075   168 Seiten (Paperback)   **DM 10,80**

ENTSCHEIDUNG AUF DEM KARMEL   William H. Stephens

Das ist die Geschichte Elias, des großen Propheten Israels, der als einzelner den Mut hatte, sich von Gott gebrauchen zu lassen, um gegen die bestimmende geistige Strömung seiner Zeit und gegen das israelitische Königshaus aufzustehen. Dabei kommt es zur gewaltigen Auseinandersetzung zwischen dem Gott Israels, dem Gott Abrahams, Isaaks und Jakobs, der durch Elia vertreten wird, und der heidnischen Baalsreligion, die von der phönizischen Königstochter Isebel, die Israels Königin ist, in Israel eingeführt wird. Diese Auseinandersetzung findet in dem dramatischen Gottesurteil auf dem Karmel seinen Höhepunkt. Ein ungeheuer packend erzähltes Buch. Sie sollten es unbedingt lesen. Auch als Geschenk gut geeignet.

Art.-Nr. 20 029   312 Seiten (Paperback)   **DM 18,80**

SOLLTE GOTT KEINE WUNDER TUN?   Träff/Petman

Immer wieder hören wir in der heutigen Zeit unter aufrichtigen Christen die Frage, ob Gott doch noch einmal eine gewaltige Erweckung schenken wird. Dieses Buch hier ist die Geschichte einer großen Erweckung in unserer Zeit, die ein ganzes Volk bewegte. Es ist die dramatische Lebensgeschichte des finnischen Evangelisten Niilo Yli-Vainio. Durch ihn brach in Finnland in den sechziger Jahren unseres Jahrhunderts eine gewaltige Erweckung aus, die noch andauert. Tausende fanden zu Christus, Wunder geschahen, Kranke wurden geheilt — und das alles heute!

Art.-Nr. 20 090   142 Seiten (Paperback)   **DM 10,80**

Preisänderungen vorbehalten — Zu beziehen durch:

Leuchter-Verlag eG, Industriestraße 6—8, D-6106 Erzhausen, Postfach 1161 In Österreich: Buchhandlung der Methodistenkiirche, A-1082 Wien, Trautsongasse 8, Postfach 65